________________ 님의 소중한 미래를 위해

이 책을 드립니다.

무례함이 선을 넘을 때
즉각 꺼내는
단호한 문장 63

무례함이 선을 넘을 때 즉각 꺼내는 단호한 문장 63

나는 불편한 침묵보다 단호한 한마디를 택했다

박형석 지음

초록북스

초록북스

우리는 책이 독자를 위한 것임을 잊지 않는다.
우리는 독자의 꿈을 사랑하고,
그 꿈이 실현될 수 있는 도구를 세상에 내놓는다.

무례함이 선을 넘을 때 즉각 꺼내는 단호한 문장 63

초판 1쇄 발행 2026년 2월 3일 | **지은이** 박형석
펴낸곳 (주)원앤원콘텐츠그룹 | **펴낸이** 강현규·정영훈
등록번호 제301-2006-001호 | **등록일자** 2013년 5월 24일
주소 04607 서울시 중구 다산로 139 랜더스빌딩 5층 | **전화** (02)2234-7117
팩스 (02)2234-1086 | **홈페이지** matebooks.co.kr | **이메일** khg0109@hanmail.net
값 17,000원 | ISBN 979-11-6002-443-2 03190

상대방의 입장에 서보지 않고는
절대 그 사람을 판단하지 마라

• 탈무드 •

말 한마디에 무너졌던 밤들을 지나

이 책은 누군가를 말로 이기기 위해 쓰이지 않았습니다. 더 똑똑해 보이기 위해 쓴 글도, 상대를 제압하기 위한 화법 모음도 아닙니다. 대부분은 아무 말도 하지 못한 채 돌아서야 했던 순간들에서 시작되었습니다. 웃으며 넘겼지만 속으로는 분명히 상처받았던 날들, 집에 돌아와서야 분이 올라와 잠을 이루지 못했던 밤들, 왜 그 자리에서는 아무 말도 하지 못했는지 스스로를 탓하던 시간들이 이 글의 출발점이었습니다.

말하지 못했다는 사실보다, 말하지 못한 자신을 놓지 못하고 비난했던 기억들이 더 오래 남았습니다. 그 기억들은 시간이 지나도 쉽게 사라지지 않았고, 비슷한 상황이 올 때마다 다시 고개를 들었습니다.

말 한마디에 하루가 망가진 경험이 반복되었습니다. 상대는 가볍게 던진 말이 머릿속에서 맴돌았습니다. 이미 끝난 대화였지만 혼자 다시 곱씹고, 자신을 의심했습니다. 그 말이 틀렸다는 걸 머리로는 알면서도 마음은 쉽게 놓이지 않았습니다.

그러다 한 가지 질문에 도달했습니다. "왜 그 사람의 말 한마디가 이렇게 큰 힘을 가지는가?" 그리고 더 불편한 질문이 이어졌습니다. "왜 나는 그 말 앞에서 늘 나를 먼저 문제 삼는가?" "왜 상대의 태도보다 내 반응을 먼저 부끄러워하는가?"

대학과 대학원에서 상담심리학을 공부했고, 기업에서 회사생활을 하며 조직과 관계 속의 갈등을 직접 겪었습니다. 이론으로 배운 관계와 현실에서 마주한 관계는 분명히 달랐습니다. 무심코 오간 말이 사람을 어떻게 위축시키는지 반복해서 보았습니다. 직급, 분위기, 관계의 힘이 말에 어떻게 실리는지도 가까이에서 경험했습니다.

상담 현장에서도 비슷한 이야기가 계속 이어졌습니다. 말 자체보다, 그 말을 받아들이는 방식 때문에 더 깊이 무너지는 사람들이 많았습니다. 그 모습은 낯설지 않았고, 오래전의 제 모습과도 겹쳐 보였습니다. 그래서 이 문제는 개인의 성격이 아니라 구조의 문제라는 생각이 점점 분명해졌습니다.

이 책에 담긴 문장들은 그 과정을 거치며 정리된 결과입니다. 시간이 지나며 분명해진 사실이 하나 있습니다. 문제는 항상 말한 사람이 아니었습니다. 그 말을 그대로 내 안에 들여와 나를 깎아내리고, 나를 설명하고, 나를 변명하게 만들었던 방식이 문제였습니다.

무례한 표현 앞에서 왜 그렇게 쉽게 스스로를 비난했는지, 왜 늘 참는 쪽이 더 성숙하다고 믿었는지, 그 구조를 하나씩 다시 보게 되었습니다. 그 과정은 결코 가볍지 않았습니다. 하지만 그 과정을 지나야만 같은 장면이 반복되지 않는다는 것도 알게 되었습니다.

이 글은 완성된 사람의 조언이 아닙니다. 지금도 비슷한 상황 앞에서 흔들릴 때가 있습니다. 말 한마디에 마음이 먼저 반응하는 순간도 여전히 찾아옵니다. 다만 예전과 다른 점이 있다면, 이제는 상대의 말 때문에 나 자신까지 함께 무너뜨리지는 않으려 한다는 점입니다.

그 말이 맞는지 틀린지를 따지기 전에, 존중을 담고 있는지부터 확인합니다. 존중이 없다면, 더이상 들여다보지 않습니다. 이 기준만으로도 불필요한 후회가 줄어들었습니다.

관계를 지키기 위해 자신을 지우지 않아도 됩니다. 침묵이는 성숙함은 아닙니다. 친절하다는 이유로 무례를 받아낼 의무도 없습니다. 이 책은 그런 지점에서 멈추기 위한 문장들을 모았습니다. 상대를 공격하기 위한 말이 아니라, 스스로를 지키기 위해 필요한 최소한의 언어들입니다. 크게 말하지 않아도 되고, 논리적으로 완벽할 필요도 없습니다.

상대의 무례한 표현 앞에서 자신을 탓하지 않아도 됩니다. 그 말이 곧 자신의 가치가 되도록 둘 필요도 없습니다. 누군가의 감정을 대신 처리하느라 밤을 망치지 않아도 됩니다. 그런 역할은 원래 자신의 몫이 아니기 때문입니다.

이 책은 아직 과정에 있는 한 사람이 같은 문제 앞에 서 있는 이들에게 건네는 기록입니다. 완벽한 해답이 아니라, 여러 번 무너지고 돌아보며 정리한 기준에 가깝습니다. 다음번 비슷한 상황에서 예전과는 다른 선택을 할 수 있다면, 그걸로 충분합니다. 말문이 막히더라도, 돌아서며 자신을 비난하지 않는 선택 말입니다. 그리고 그 선택은 생각보다 많은 순간을 바꿔놓습니다. 아주 조용하게, 그러나 분명하게.

박형석

차례

지은이의 말 _ 말 한마디에 무너졌던 밤들을 지나 • 6

1장
"회사에 일하러 왔지, 비위 맞추러 온 거 아닙니다"

01 "그 얘기, 지금 이 일 처리하는 데 꼭 필요한가요?" • 18
02 "아, 그 말씀에 어떻게 반응해야 할지 잘 모르겠네요" • 21
03 "팀장님, 감정적인 말씀은 빼고
업무 내용만 피드백 부탁드립니다" • 24
04 "팀장님, 죄송한데 제가 지금 '1분'이 급해서요" • 27
05 "방금 하신 말씀, 제가 잘 이해를 못 해서 그런데
다시 설명해 주시겠어요?" • 30
06 "팀장님, 제가 잘 알아들을 수 있게
감정 빼고 말씀해 주시면 안 될까요?" • 33
07 "저기요, 혹시 저랑 사적으로 아는 사이신가요?" • 36

2장

"내 인생은 내가 정해요, 당신은 당신 인생 사세요"

08 "팀장님 생각은 그러시군요. 그런데 제 입장은 좀 다릅니다" • 42
09 "선배님, 걱정은 감사한데 제 선택은 제가 책임지겠습니다" • 46
10 "확실하게 하기 위해서 기록된 메일부터 같이 보실까요?" • 49
11 "과장님, 제가 예민한 게 아니라 이 상황이 좀 무례한 거 아닌가요?" • 52
12 "팀장님, 저를 위한다는 핑계로 가능성까지 닫지는 말아 주세요" • 55
13 "부장님 기분 맞춰드리는 게 제 업무는 아니잖아요" • 58
14 "계속 같은 얘기 반복인데, 오늘은 여기까지만 하시죠" • 61

3장

"거절은 제 권리입니다, 당당하게 아니라고 할게요"

15 "팀장님, 그 방식이 효율 면에서 진짜 이득이 될까요?" • 66
16 "그럼 어떻게 할까요? 구체적인 대안도 같이 주시죠" • 69
17 "팀장님, 제가 이걸 맡으면 다른 업무는 조정해 주시는 거죠?" • 72
18 "다들 괜찮다 하셔도, 저는 반대하겠습니다" • 75
19 "설득하시려면 감정 말고, 저한테 데이터부터 주세요" • 78
20 "제안은 감사합니다만, 제 기준이랑은 맞지 않습니다" • 81
21 "대리님, 협업을 원하시면 기본적인 매너부터 맞춰주세요" • 84

4장

"사랑한다는 이유로 나를 가두지 마세요"

22 "고마운 건 알겠는데, 그걸로 나를 압박하지는 마" • 90
23 "사랑한다고 내 시간까지 다 가지려고 하지 마" • 93
24 "자기가 화내는 것까지 내가 미안해할 필요는 없어" • 96
25 "내 몸에 대한 평가는 그만해. 연인이라도 그건 선 넘는 거야" • 99
26 "재촉은 멈춰 주세요. 제 인생의 속도는 제가 정합니다" • 102
27 "그건 솔직한 게 아니라 무례입니다.
표현부터 조심하세요" • 105
28 "존중이 없는 관계라면, 거기서 더 버틸 이유는 없습니다" • 108

5장

"가족이라도 선은 넘지 말아 주세요"

29 "엄마 마음은 이해해. 하지만 내 인생의 책임은 내가 질게" • 114
30 "가족이니까 참으라는 말, 그게 제일 아파요" • 117
31 "엄마, 이건 사랑이 아니라 제 사생활 침범이에요" • 120
32 "다 날 위해서라는 말, 이제 안 믿어" • 123
33 "엄마, 난 엄마 대리 만족하려고 태어난 거 아니야" • 126
34 "우리, 적당히 거리를 둬야 더 건강해질 것 같아" • 129
35 "내 인생에 대해 그렇게 말하는 게, 이제 더 이상 안 들을래" • 132
36 "칭찬인 줄 알았는데, 듣고 보니 기분이 좀 나쁘네?" • 135

6장

"안 맞는 인연, 억지로 붙들고 있지 않겠습니다"

37 "그 질문, 꼭 지금 해야 할 이야기야?" • 140
38 "내 인생 코치는 내가 고용할게. 너는 너나 잘해" • 143
39 "내 인생 채점하지 마. 답안지는 내가 쓴다" • 146
40 "재미없으면 안 웃는다. 그게 그렇게 이상해?" • 149
41 "불편한 건 공기 탓이 아니라, 감정 통제하려는 너야" • 152
42 "나를 함부로 대하는 관계에는 더 이상 투자 안 해" • 155

7장

"비난은 당신 사정이고, 내 평화는 내가 지킵니다"

43 "내가 느끼는 건 내가 정해. 해석은 네 몫이 아니야" • 160
44 "이 상태로는 대화가 안 돼. 잠깐 멈추자" • 163
45 "화난 건 이해하는데, 나한테 소리칠 자격은 없어" • 166
46 "평가는 그만하고, 지금 무슨 일이 있었는지만 말해" • 169
47 "그런 말에 내 하루를 망치고 싶진 않아" • 172
48 "내가 화났다는 사실이, 내 말이 틀렸다는 증거는 아니야" • 175
49 "설명은 됐고, 그래서 책임은 누가 어떻게 집니까?" • 178

8장

"친절해도 만만한 건 아닙니다"

50 "저희 처음 보는 사이죠? 지금 말씀, 선 넘으셨어요" • 184

51 "제가 친절한 건 일이라서 그런 거지,
함부로 대해도 된다는 뜻은 아닙니다" • 187

52 "초면에 말 놓지 마세요. 기본 예의부터 지키시죠" • 190

53 "거절하겠습니다. 이 대화는 여기까지 하시죠" • 193

54 "지금 그 화, 제 몫이 아닙니다. 여기서 멈추세요" • 196

55 "제 호칭은 '저기요'가 아닙니다. 제대로 불러 주세요" • 199

56 "이건 더 이야기해도 소용 없겠습니다.
담당자 통해서 진행하죠" • 202

9장

"더 이상 당하고만 있지 않겠습니다, 이제 제 차례예요"

57 "방금 그 말, 칭찬으로 하신 거예요? 아니면 비꼰 거예요?" • 208

58 "지금 하시는 말, 도움 주려는 거예요?
아니면 그냥 깎아내리는 거예요?" • 211

59 "가만히 있다고 네 말에 동의하는 건 아니야" • 214

60 "빙빙 돌리지 말고, 하고 싶은 말만 딱 해" • 217

61 "저를 다 안다고 생각하세요? 너무 쉽게 보시는 것 같네요" • 220

62 "본인 열등감을 제 탓으로 돌리지 마세요" • 223

63 "지금 이 상황이 웃음거리는 아니잖아요. 너무하시네요" • 226

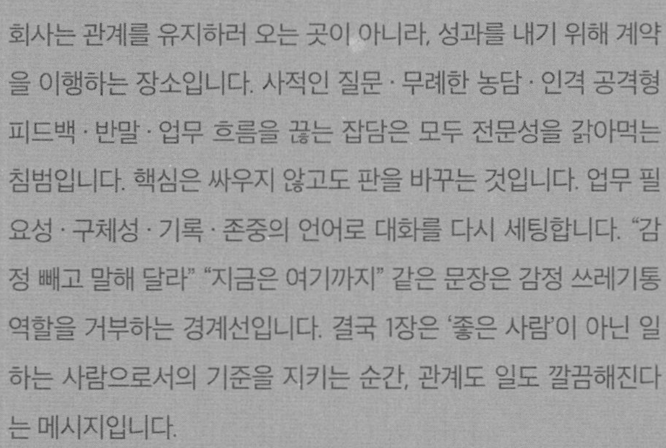

회사는 관계를 유지하러 오는 곳이 아니라, 성과를 내기 위해 계약을 이행하는 장소입니다. 사적인 질문 · 무례한 농담 · 인격 공격형 피드백 · 반말 · 업무 흐름을 끊는 잡담은 모두 전문성을 갉아먹는 침범입니다. 핵심은 싸우지 않고도 판을 바꾸는 것입니다. 업무 필요성 · 구체성 · 기록 · 존중의 언어로 대화를 다시 세팅합니다. "감정 빼고 말해 달라" "지금은 여기까지" 같은 문장은 감정 쓰레기통 역할을 거부하는 경계선입니다. 결국 1장은 '좋은 사람'이 아닌 일하는 사람으로서의 기준을 지키는 순간, 관계도 일도 깔끔해진다는 메시지입니다.

1장

"회사에 일하러 왔지, 비위 맞추러 온 거 아닙니다"

✦

나의 전문성을 존중해 주세요

“그 얘기, 지금 이 일 처리하는 데 꼭 필요한가요?”

_ 회사에서까지 ‘좋은 사람’ 역할 하지 않기로 했다

회사는 일을 하러 오는 곳이지, 누군가의 호기심을 처리해 주는 상담소가 아닙니다. 그런데 이상하게도 회사에는 꼭 이런 질문들이 떠다닙니다. “주말에 누구 만났어?” “집은 자가야, 전세야?” “오늘 옷이 좀 튀는 거 아니야?” 대놓고 무례하진 않지만, 분명히 업무와는 아무 상관 없는 질문들. 그리고 우리는 대개 이렇게 반응합니다.

“아… 그냥 웃고 넘기자” “괜히 분위기 이상해질 필요 없잖아” 그렇게 한 번, 두 번, 세 번. 웃으며 대답해 주다 보면 어느 순간 내 사생활이 사무실 공용물품처럼 취급되기 시작합니다. 사람들은 당신이 친절해서 묻는 게 아닙니다.

"이 사람한테는 이 정도까지 들어와도 되는구나" 테스트하는 겁니다. 그리고 그 테스트는, 당신이 한 번 허용하는 순간 기준선이 영원히 내려갑니다. 이럴 때 화를 낼 필요도 없고, 불쾌하다는 감정을 길게 설명할 필요도 없습니다. 그냥, 대화의 무대를 다시 '업무'로 되돌려 놓으면 됩니다.

▶ 사생활 캐묻는 질문을 던질 때

- **상황**: 상사나 동료가 "연봉은 얼마야?" "부모님은 뭐 하셔?" 같은 질문을 툭 던질 때.
- **대사**: (표정 안 바꾸고) "그게 지금 이 업무 처리하는 데 필요한 정보인가요?"
- **예상 반격**: "아니, 궁금해서 물어본 거지. 왜 이렇게 딱딱해?"
- **2차 방어**: (모니터 보면서) "업무 관련인 줄 알았어요. 아니면 나중에 얘기하시죠. 지금 이거부터 마감해야 해서요."

▶ 외모나 태도를 평가할 때

- **상황**: "오늘 화장 진하네" "옷이 좀 눈에 띄네" 같은 말을 할 때.
- **대사**: (차분하게) "제 복장이 오늘 업무 결과에 영향이 있나요?"
- **예상 반격**: "아니, 사회생활 선배로서 조언해 주는 거지."

- **2차 방어:** (부드럽지만 분명하게) “그럼 전 결과로 평가받고 싶습니다. 일 얘기부터 할게요.”

이 방식의 핵심은 이겁니다. 싸우지 않고, 설명하지 않고, 판 자체를 바꿔버리는 것. 사적인 질문을 업무 필요성의 영역으로 끌고 와서 자동으로 무력화시키는 겁니다. 기억하세요. 회사에서 당신의 역할은 ‘좋은 사람’이 아니라 ‘일하는 사람’입니다.

모든 질문에 성실히 답하는 사람은 좋은 동료가 아니라 관리하기 쉬운 사람이 됩니다. 선을 긋는 순간, 사람들은 두 부류로 나뉩니다. 당신을 존중하기 시작하는 사람, 알아서 멀어지는 사람. 어느 쪽이든, 당신 인생에는 훨씬 깔끔합니다. 당당하게 일하세요. 당당하게 거절하세요. 회사는 인간관계를 맺는 곳이 아니라, 계약을 이행하는 곳입니다.

“아, 그 말씀에 어떻게 반응해야 할지 잘 모르겠네요”

_ 웃음으로 포장된 무례함에 더 이상 협조하지 않기로 했다

회사나 모임 자리에는 묘한 순간이 생깁니다. 누군가 선을 넘는 말을 던졌는데, 그 말이 농담이라는 이름으로 공기 중에 떠다니는 순간입니다. 성적인 뉘앙스가 섞이거나, 특정 성별이나 세대, 직군을 낮춰보는 말이 나오면 사람들은 불쾌함보다 먼저 ‘분위기’를 계산합니다. 웃지 않으면 유난스러운 사람이 될 것 같고, 그렇다고 웃자니 스스로를 배신하는 기분이 들기 때문입니다. 그래서 많은 사람들이 자기 감정을 접고, 어색한 미소로 그 자리를 넘겨버립니다.

하지만 분명히 해둘 게 있습니다. 농담의 성립 여부는 말한 사람의 의도가 아니라, 듣는 사람이 어떻게 느꼈는지로 결정됩니다. 누군가 불편해졌다면, 그 말은 이미 실패한 농담입니다. 그럼에도 "웃자고 한 말"이라는 핑계 뒤에 숨는 사람들은, 사실 분위기를 살리려는 게 아니라 그 자리에서 힘의 우위를 시험하는 경우가 많습니다.

억지로 웃어 주는 순간, 그 말은 '허용된 농담'이 되고, 그 허용은 다음 무례로 이어집니다. 그래서 필요한 건 싸움이 아니라, 그 농담에 더 이상 참여하지 않겠다는 명확한 태도입니다.

▶ 회식이나 회의 자리에서 성적·저급한 농담을 던질 때

- **상황**: 누군가 성적인 비유나 특정 성별을 낮추는 말을 던지며 웃음을 유도할 때.
- **대사**: (표정 없이) "제가 그 말씀에 어떻게 반응해야 할지 잘 모르겠네요."
- **예상 반격**: "아, 농담 좀 한 거 가지고 왜 이렇게 심각해?"
- **2차 방어**: (담담하게) "재미있는 포인트를 못 찾겠어서요. 그냥 넘어갈게요."

▶ **세대·직군·성별을 비하하는 농담을 던질 때**

- **상황**: "요즘 애들은~" 같은 말을 웃자고 던질 때.
- **대사**: (고개를 갸웃하며) "지금 말씀, 정확히 무슨 뜻인가요?"
- **예상 반격**: "아, 분위기 좀 풀자고 한 말이지. 너무 그렇게 진지하게 받지 마."
- **2차 방어**: (짧게) "그냥 궁금해서요. 무슨 뜻인지 잘 모르겠어서요."

이 방식이 좋은 이유는, 상대에게 설명을 요구하는 순간 그 말의 저급함이 스스로 드러나기 때문입니다. 비하와 조롱은 웃음 속에 숨어 있을 때 힘을 갖지, 말로 풀어놓는 순간 초라해집니다. 당신은 싸우지 않았고, 다만 그 말을 정상적인 언어의 자리로 끌어냈을 뿐입니다.

기억하세요. 무례한 농담에 웃지 않는 사람은 분위기를 망치는 사람이 아니라, 그 자리를 정상으로 되돌리는 사람입니다. 웃음은 의무가 아닙니다. 당신은 웃고 싶을 때만 웃으면 됩니다. 웃지 않기로 선택할 권리도 분명히 당신에게 있습니다.

"팀장님, 감정적인 말씀은 빼고 업무 내용만 피드백 부탁드립니다"

_ 업무 피드백을 빙자한 인격 공격에 선을 긋는 법

업무에서 실수는 고치면 됩니다. 하지만 사람을 깎아내리는 말은 한 번 꽂히면 오래 남습니다. 피드백의 목적이 정말로 결과물을 개선하는 데 있다면, 고칠 부분만 말하면 충분합니다. 그럼에도 굳이 "머리는 장식이냐" "이딴 식으로 할 거면 관둬라" 같은 말을 덧붙이는 건, 일을 고치고 싶어서가 아니라 상대를 꺾고 싶어서입니다. 업무 이야기를 가장한 감정 배설에 당신의 자존감을 맡길 필요는 없습니다.

피드백이라는 형식은 종종 무례를 숨기는 방패로 쓰입니다.

"업무 얘기잖아"라는 말 뒤에 숨어 인격을 건드리는 공격이 섞여 들어오는 거죠. 이럴 때 필요한 건 변명이 아니라, 대화의 규칙을 다시 세우는 한 문장입니다. 지금 이 대화는 '일'에 대한 이야기인지, 아니면 '사람'을 깎아내리는 이야기인지 분명히 가르는 것. 그 선을 당신이 직접 그어야 합니다.

▶ 업무 지적을 하며 인격 모독을 섞을 때

- **상황**: 보고서 오타 하나를 두고 "기본도 안 됐다" "수준이 의심된다" 같은 말을 섞어 인신공격을 할 때.
- **대사**: (말 끊지 않고 다 들은 뒤) "지적하신 수정 사항은 이해했습니다. 다만 업무 이야기 말고 인격을 건드리는 표현은 좀 거북합니다."
- **예상 반격**: "내가 틀린 말 했어? 정신 차리라고 하는 거지."
- **2차 방어**: (차분하지만 분명하게) "고칠 건 바로 고치겠습니다. 그런데 그런 표현이 섞이면 내용이 잘 안 들어옵니다. 수정할 포인트만 말씀해 주세요."

▶ 공개적인 자리에서 망신을 주며 몰아세울 때

- **상황**: 회의실이나 사무실 전체가 듣는 곳에서 소리를 높이며 면박을 줄 때.
- **대사**: (낮은 목소리로) "팀장님, 이건 공개적으로 말씀하실 사안

은 아닌 것 같습니다. 따로 말씀해 주시죠."

- **예상 반격**: "뭐? 지금 나한테 따지자는 거야?"
- **2차 방어**: (눈 피하지 않고) "지적하신 내용은 책임지고 수정하겠습니다. 다만 이런 방식은 업무 해결에 도움이 안 됩니다."

당신이 오늘 한 실수는 '고칠 일'이지, 당신이라는 사람의 가치를 평가받을 일은 아닙니다. 결과물과 사람을 구분하지 못하는 피드백은 피드백이 아니라 분풀이에 가깝습니다. 당신이 "업무 이야기만 해달라"고 선을 긋는 순간, 상대는 더 이상 당신을 감정 쓰레기통으로 쓰지 못합니다.

당신은 혼나러 출근한 게 아니라, 일하러 출근한 사람입니다. 그리고 그 사실을 지키는 말 한마디는, 생각보다 훨씬 강력한 방패가 됩니다.

"팀장님, 죄송한데 제가 지금 '1분'이 급해서요"

_ 당신의 골든타임을 갉아먹는 '라떼'의 침공을 차단하라

일이 제일 잘 돌아가기 시작할 때, 꼭 그 타이밍에 의자가 끌리는 소리가 들립니다. 고개를 들면 어김없이 "잠깐만"을 입에 단 선배나 상사가 서 있습니다. 급한 건 아닌데, 안 급하지도 않은 이야기. 예전에 자기가 뭘 했고, 누가 어땠고, 그때는 말이야로 시작하는 끝없는 서사. 모니터는 멈춰 있고, 내 머릿속 마감 시계만 혼자 미친 듯이 돌아갑니다.

그들은 당신의 집중력이 얼마나 귀한 자원인지 모릅니다. 아니, 알면서도 씁니다. 당신의 업무 흐름을 끊어 자기 외로움

이나 우월감을 해소하려는 거죠. 고개를 끄덕이며 들어주는 순간, 당신의 오늘 일정은 조용히 무너집니다. 이럴 때 필요한 건 정중한 미소가 아니라, "지금은 안 됩니다"라고 말할 수 있는 업무 중심의 언어입니다. 당신의 시간은 잡담 대기석이 아닙니다.

▶ 장황한 무용담으로 업무를 방해할 때

- **상황**: 마감이 코앞인데 자리로 와서 "내가 예전에 이 일을 할 때는 말이야…" 하며 결론 없는 이야기를 늘어놓을 때.
- **대사**: (모니터와 시계를 번갈아 보며) "팀장님, 말씀 중에 죄송한데요. 제가 지금 이거 10분 안에 넘겨야 하는 건이 있어서요. 잠깐만 처리하고 다시 찾아뵐게요."
- **예상 반격**: "요즘 애들은 참 각박해. 다 경험에서 나오는 얘긴데 그렇게 바쁘기만 해?"
- **2차 방어**: (자리에서 일어나며 서류 챙기면서) "진짜 이거 하나만 막고 오겠습니다. 이거 터지면 팀 전체 일정이 밀려서요. 다녀와서 다시 말씀 주세요." (그대로 자리 이동)

▶ 업무 리듬을 끊는 수다형 동료 대응

- **상황**: 한창 집중하고 있는데 다가와 상사 욕, 거래처 얘기, 회사 소문을 풀기 시작할 때.

- **대사**: (화면 보면서) "어, 그랬어? 근데 미안, 나 지금 머리 써야 하는 구간이라 말이 잘 안 들어와. 급한 용건이야?"
- **예상 반격**: "야, 말 좀 들어주는 게 그렇게 힘드냐? 너 너무 매정해졌다."
- **2차 방어**: (타자 치면서 짧게) "지금 이거 놓치면 오늘 야근 각이라서 그래. 이따 탕비실에서 얘기하자. 지금은 진짜 좀 봐줘."

모든 사람의 기분을 맞추면서 일을 잘하는 사람은 없습니다. 그렇게 살다 보면 당신은 어느새 '일 잘하는 사람'이 아니라 '항상 붙잡히는 사람'이 되어 있습니다. 잠깐의 어색함을 피하려고 하루의 리듬을 내주지 마세요. 그 몇 초의 단호함이 당신의 집중력과 퇴근 시간을 지켜줍니다.

누군가는 당신을 보고 차갑다고 말할지도 모릅니다. 하지만 정작 중요한 사람들은 이렇게 기억합니다. "저 사람은, 일할 때 일하는 사람이다"

"방금 하신 말씀, 제가 잘 이해를 못 해서 그런데 다시 설명해 주시겠어요?"

_ 모호한 비꼼 뒤에 숨은 상대를 팩트의 장으로 끌어내라

회의실이든, 커피 들고 잠깐 서서 얘기하는 자리든 꼭 한 번씩 이런 말이 섞여 들어옵니다. 대놓고 욕한 건 아닌데, 듣고 나면 괜히 등줄기가 서늘해지는 말. "그래도 OO 씨는 늘 여유 있어 보이네요" "그 정도면 뭐, 본인 기준에서는 잘한 거죠" 바로 따지자니 괜히 예민한 사람이 되는 것 같고, 웃고 넘기자니 하루 종일 그 문장이 머릿속에서 떠나질 않습니다.

이런 말들의 특징은 항상 애매하게 던진다는 것입니다. 뭘 문제 삼는지는 끝까지 말 안 하면서, 듣는 사람이 혼자서 기분

나쁘게 해석하길 기대하는 방식이죠. 그리고 누가 반응하면 곧바로 "농담인데 왜 그래요?"로 빠져나갈 출구도 이미 준비되어 있습니다. 이 문장은 그 애매한 회색지대를 깨는 질문입니다. "무슨 뜻인지 설명해 달라"고 요구하는 순간, 그 말이 농담이었는지, 공격이었는지 정체가 드러납니다.

▶ 업무 능력을 은근히 비꼴 때

- **상황**: 회의중이나 자리에서 "OO 씨는 늘 여유 있어 보여서 좋겠어요" 같은 말을 던지며 내 일하는 방식을 슬쩍 깎아내릴 때.
- **대사**: (정말 이해 안 된다는 표정으로) "'여유 있어 보인다'는 게 어떤 의미인지 잘 모르겠습니다. 혹시 제가 놓치고 있는 부분이 있다는 말씀이세요?"
- **예상 반격**: "아니, 그냥 부럽다는 뜻이지. 왜 그렇게 심각하게 받아들여?"
- **2차 방어**: (메모장을 꺼내며) "아, 다행이네요. 전 또 제가 대충 일하는 걸로 보였나 해서요. 개선할 점을 말씀해 주시는 줄 알았습니다."

▶ 무시하는 뉘앙스를 슬쩍 끼워 넣을 때

- **상황**: "아직 그거 끝난 건 아니죠? 뭐, OO 씨 스타일대로 하고 계시겠죠." 같은 말을 툭 던지며 일을 깎아내릴 때.

- **대사**: (키보드에서 손 떼고 고개 들어) "방금 '제 스타일'이라고 하신 게 어떤 뜻인지 잘 모르겠습니다. 수정해야 할 방향이 있다는 말씀이신가요?"
- **예상 반격**: "그런 건 아니고. 그냥 한 말이지. 왜 그렇게 따져?"
- **2차 방어**: (담담하게) "아, 피드백인 줄 알았습니다. 저는 지적해 주시는 건 구체적으로 아는 게 편해서요. 없으면 그대로 진행하겠습니다."

비꼬는 사람들은 당신이 어색하게 웃거나, 괜히 욱하는 반응을 해 주길 바랍니다. 그래야 본인은 빠져나갈 구멍을 확보할 수 있으니까요. 하지만 당신이 아주 차분하게 "무슨 뜻이냐"고 묻는 순간, 공은 그 사람 쪽으로 넘어갑니다. 설명해야 하는 쪽이 갑자기 불편해집니다. 애매한 말은 애매한 사람의 입안에 그대로 돌려주세요. 당신은 남의 독설을 해석해 줄 의무가 없습니다. 이해 안 되면, 이해 안 된다고 묻는 것. 그게 가장 조용하고, 가장 품위 있는 반격입니다.

"팀장님, 제가 잘 알아들을 수 있게 감정 빼고 말씀해 주시면 안 될까요?"

_ 당신은 누군가의 감정 쓰레기통이 아니다

아침에 자리에 앉자마자 제일 먼저 확인하는 게 메일도, 일정도 아니라 상사의 얼굴색인 날이 있습니다. 오늘은 말을 걸어도 되는 날인지, 그냥 숨만 쉬고 지나가야 하는 날인지 공기부터 재야 하는 하루. 우리는 회사와 일을 하기로 계약했지, 누군가의 감정을 받아내기로 계약한 적은 없습니다. 그런데도 이상하게 회사에서 지치는 이유의 상당수는 일이 아니라 사람의 감정을 받아내는 데서 옵니다.

문제는 이 감정들이 늘 '업무'라는 얼굴을 하고 나온다는 겁니다. 짜증, 분노, 신경질이 피드백이라는 포장지에 싸여 날아옵니다. 이 문장은 그 포장을 벗겨내는 말입니다. "지금 이건 업무 얘기가 아니라 감정 얘기다"라고 선을 긋는 순간, 상대의 태도는 더 이상 권력이 아니라 그냥 관리되지 않은 감정이 됩니다.

▶ 기분에 따라 태도가 바뀌는 상사 대응

- **상황**: 개인적인 일로 기분이 상한 듯 서류를 툭 던지거나 말끝을 세우며 지적을 쏟아낼 때.
- **대사**: (몇 초 듣다가 조용히) "팀장님, 지금 말씀하시는 톤 때문에 제가 내용을 잘 못 따라가겠습니다. 감정은 조금 빼고, 수정해야 할 부분만 말씀해 주시면 바로 반영할게요."
- **예상 반격**: "뭐? 내가 감정적이라고? 네가 일을 이따위로 하니까 그렇지!"
- **2차 방어**: (목소리 낮춘 채) "지적하신 부분은 고칠게요. 다만 이렇게 말씀하시면 뭐부터 손대야 하는지 정리가 안 됩니다. 업무 내용만 짚어 주시면 훨씬 빨리 처리할 수 있습니다."

▶ 사적인 감정을 일에 섞는 동료 대응

- **상황**: 예전에 부탁을 거절한 뒤부터 협조가 느려지고 말투가 날카로워진 채로 일을 대할 때.

- **대사**: (메신저나 자리에서 조용히) "혹시 저한테 개인적으로 불편한 거 있으면 그건 따로 얘기하고, 이 건은 일로만 진행하면 안 될까요?"
- **예상 반격**: "아니, 무슨 소리야. 너 혼자 예민한 거 아니야?"
- **2차 방어**: (담담하게) "그럴 수도 있죠. 그럼 이건 업무니까 자료 오늘 중으로만 부탁드릴게요. 일정이 촉박해서요."

상대의 기분을 받아 주지 않는다고 해서 당신이 차가운 사람이 되는 건 아닙니다. 오히려 감정을 통제하지 못한 채 일을 끌고 오는 쪽이 미성숙한 겁니다. 당신이 그들의 짜증을 처리해 주기 시작하는 순간, 당신은 동료가 아니라 '배출구'가 됩니다. 감정은 각자 책임지는 것이고, 일은 일로 처리하는 겁니다. "감정 빼고 말해 달라"는 말은 싸우자는 말이 아니라, 제대로 일하자는 말입니다. 당신의 에너지는 누군가의 기분 수습이 아니라, 당신의 성과와 삶을 위해 쓰여야 합니다.

“저기요, 혹시 저랑 사적으로 아는 사이신가요?”

_ 직급이 높다고 인격의 높이까지 높은 건 아니다

회사에서 나이가 많거나 직급이 위라는 이유로, 아무렇지 않게 말을 놓는 사람을 만났을 때 기분이 어떠신가요? “편하게 하자는 거야”라는 말은 듣기 좋지만, 실제로는 당신을 동등한 동료가 아니라 아래 사람으로 취급하겠다는 선언에 가깝습니다. 직장은 친목 모임이 아니라 역할과 책임이 교환되는 업무 공간입니다. 당신이 존댓말로 일의 무게를 존중하고 있는데, 상대가 반말로 답하는 순간 그 관계는 이미 수평이 아닙니다.

반말은 단순한 말버릇이 아니라 관계의 높낮이를 일방적으로 정해버리는 도구로 작동합니다. 문제는 많은 사람들이 '괜히 분위기 깰까 봐' '유난 떠는 사람이 될까 봐' 그냥 넘긴다는 겁니다. 하지만 한 번 허용된 무례는 곧 그 사람의 기본값이 됩니다. 이럴 때 필요한 건 상대 스스로 자신의 태도를 자각하게 만드는 질문입니다. 감정 섞지 않고, 예의라는 공적인 기준으로 되돌려놓는 방식이 가장 안전하고 효과적입니다.

▶ 상습적으로 반말을 섞는 직장 상사 대응

- **상황**: 회의중이나 지시를 내리면서 "이거 해놔" "너 그때도 이랬잖아" 같은 말투가 자연스럽게 튀어나올 때.
- **대사**: (표정은 부드럽게, 하지만 눈을 보며) "부장님, 저한테는 존댓말 써주시는 게 좋을 것 같습니다. 제가 업무를 이해하는 데도 훨씬 좋고요."
- **예상 반격**: "편해서 그러는 건데 왜 이렇게 딱딱하게 굴어?"
- **2차 방어**: (톤 낮추고 담담하게) "편하게 해 주시는 건 감사한데요, 일할 때는 서로 존중하는 방식이 더 깔끔한 것 같습니다. 그렇게 해 주시면 좋겠습니다."

▶ 나이나 경력을 무기로 하대하는 거래처 혹은 타 부서 대응

- **상황**: 처음 보는 사이인데도 "어이" "언니가 말이야" "자네" 같은 호칭으로 툭툭 던지듯 말할 때.

- **대사**: (잠깐 멈추고, 정말 헷갈린다는 표정으로) "저기요, 혹시 저희가 사적으로 아는 사이인가요?"
- **예상 반격**: "아니, 왜 이렇게 예민해? 내가 나이도 많고 해서 편하게 말한 건데."
- **2차 방어**: (사무적으로) "아, 초면이시군요. 그럼 업무 이야기니까 서로 존댓말로 하는 게 맞을 것 같습니다."

'예의'를 요구하는 건 까다로운 사람이 되겠다는 선언이 아니라, 나를 함부로 쓰지 말라는 기준을 세우는 일입니다. 당신이 아무 말도 하지 않으면, 그 사람은 "이 사람한테는 이렇게 해도 되는구나"라고 학습합니다. 반대로 한 번만 정확히 짚어 주면 그 다음부터는 태도가 바뀝니다.

존중은 직급에서 자동으로 따라오는 게 아니라, 경계를 지킬 줄 아는 사람에게 주어지는 대우입니다. 당신의 말투를 지키는 일은 자존심 문제가 아니라, 당신의 직업적 위치를 지키는 일입니다. 오늘 그 한마디가, 당신을 만만한 사람이 아니라 "선 넘으면 안 되는 사람"으로 바꿔놓을 겁니다.

2장은 상대의 말에 흔들려 나의 현실 감각과 결정권을 빼앗기는 순간을 정확히 겨냥합니다. '내 입장은 다르다'로 해석권을 되찾고, '내 선택은 내가 책임진다'로 간섭을 차단합니다. 기억 싸움이 시작되면 기록과 팩트로 링을 바꾸고, '예민한 것이 아니라 무례한 상황'으로 프레임을 복원합니다. '걱정'이라는 포장 속의 통제와 한계 규정에 맞서 가능성을 닫지 말라고 조언합니다. 결국 2장은 '나를 조종하려는 사람' 앞에서 내 판단·내 속도·내 책임을 지키는 장입니다.

2장

“내 인생은 내가 정해요, 당신은 당신 인생 사세요”

✦

나를 조종하려는 사람 대처법

08

"팀장님 생각은 그러시군요. 그런데 제 입장은 좀 다릅니다"

_ 안개 속에 갇힌 당신의 판단력을 구출하라

"너 너무 예민한 거 아냐?" "다 너 생각해서 한 말인데 왜 그렇게 받아들여?"

분명히 누군가 선을 넘었는데, 대화를 끝내고 나면 이상하게도 내가 문제를 만든 사람처럼 느껴질 때가 있습니다. 방금 전까지 분명 불쾌했고 이상했는데, 상대의 말 몇 마디에 "내가 너무 예민한가?"라는 의심이 스멀스멀 올라옵니다.

이런 식으로 사실보다 해석을, 현실보다 상대의 프레임을 믿게 만드는 대화가 반복되면, 사람은 점점 자기 판단을 신뢰하지 못하게 됩니다.

가스라이팅의 무서운 점은 상대가 나를 설득해서 이기는 데 있지 않습니다. 내가 스스로를 의심하게 만드는 데 있습니다. 이 문장은 싸우기 위한 말이 아니라, 현실의 해석권을 다시 내 손으로 가져오는 방법입니다. "당신 말은 하나의 의견일 뿐이고, 내 입장은 다르다"고 선을 긋는 순간, 상대는 더 이상 당신의 머릿속에 마음대로 표지판을 세울 수 없게 됩니다.

▶ 내 감정을 '예민함'으로 몰아붙일 때

- **상황**: 상대의 무례한 말이나 태도를 짚었더니 "너 오늘따라 왜 이렇게 예민해?" "원래 이렇게 꼬아서 듣는 스타일이야?"라며 문제를 당신의 성격 탓으로 돌릴 때.
- **대사**: (톤 낮추고 차분하게) "팀장님 기준에서는 그렇게 보일 수 있겠죠. 그런데 제 입장에서는 충분히 불쾌한 상황이었습니다."
- **예상 반격**: "아니, 난 진짜 좋은 뜻으로 한 말인데 너만 그렇게 받아들이면 내가 뭐가 돼?"
- **2차 방어**: (담담하게) "의도가 어땠는지는 알겠습니다. 다만, 제가 불편하다고 느낀 건 제 기준입니다. 그걸 예민함으로 정리해 버리시면 대화가 안 됩니다."

▶ 분명한 일을 '네가 잘못 기억한 것'으로 뒤집을 때

- **상황**: "내가 언제 그렇게 말했어?" "너 기억이 좀 이상한 거 아니야?"라며 있었던 일을 부정할 때.
- **대사**: (고개를 천천히 저으며) "아니요, 제 기억은 분명합니다. 제가 없는 일을 만들어낼 이유는 없잖아요."
- **예상 반격**: "이야, 진짜 피곤하다. 너랑 말하면 내가 가해자 되는 기분이네."
- **2차 방어**: (사무적으로) "가해자, 피해자 얘기하자는 게 아니라 사실 확인하자는 겁니다. 기억이 다르면 그 지점부터 정리하고 가야죠."

가스라이팅은 논리 싸움이 아니라 현실 주도권 싸움입니다. 상대는 당신을 이기고 싶은 게 아니라, 당신이 스스로를 못 믿게 만들고 싶은 겁니다. 그래서 가장 중요한 건 "내가 본 것, 내가 느낀 것"을 스스로 지워버리지 않는 겁니다. 당신이 "내 입장은 다르다"고 말하는 순간, 상대가 만들어 놓은 안개는 더 이상 힘을 쓰지 못합니다.

관계를 지키기 위해 현실 감각을 포기하지 마세요. 미움받지 않으려고 자신의 감각을 의심하기 시작하면, 그때부터 당신은 누군가의 해석 속에서 사는 사람이 됩니다. 당신의 판단은 교정 대상이 아니라 존중받아야 할 기준입니다.

오늘부터는 남의 해석보다, 당신이 직접 보고 느낀 쪽을 더 믿으십시오. 그게 당신을 지켜줄 가장 강력한 기준선입니다.

"선배님, 걱정은 감사한데 제 선택은 제가 책임지겠습니다"

_ '너를 위해서'라는 말은 가장 비겁한 공격이다

"이직하지 마, 요즘 경기가 얼마나 안 좋은데. 다 너 생각해서 하는 말이야" "그 사람은 아닌 것 같아. 내가 보기에 넌 더 안정적인 쪽이 맞아."

이런 말들은 겉으로는 친절해 보이지만, 듣고 나면 묘하게 기운이 빠집니다. 응원받은 느낌이 아니라, 내 판단이 미숙하다는 판정을 받은 기분이 들기 때문입니다. 정말 당신을 위한다면 선택을 대신해 주는 게 아니라, 선택할 권리를 존중해 줘야 합니다.

"너를 위해서"라는 말의 진짜 문제는, 그 결정의 결과에 대해 책임을 지지 않으면서 방향만 통제하려는 태도에 있습니다. 잘되면 "내 말 들었지?"가 되고, 안 되면 "그래서 내가 말렸잖아"가 됩니다. 이 문장은 그 구조를 뒤집습니다. 결정권과 책임을 한 사람에게 묶어버리는 말입니다. "내 선택이고, 그 결과도 내가 감당한다"고 선언하는 순간, 상대는 더 이상 보호자 행세를 할 명분을 잃습니다.

▶ **커리어 선택이나 이직을 말릴 때**

- **상황**: 새로운 도전이나 이직 얘기를 꺼냈더니 "거긴 네가 버티기 힘들어" "괜히 모험하다가 망하는 수가 있어, 다 너 생각해서 하는 말이야"라며 불안을 주입할 때.
- **대사**: (고개를 끄덕이며 차분하게) "걱정해 주시는 건 고마워요. 그런데 이 선택은 제가 책임지고 해보려고요. 잘되면 제 덕이고, 안 되면 제 판단 미스인 거니까요."
- **예상 반격**: "아니, 내가 인생 좀 살아봐서 하는 말인데 왜 이렇게 고집이 세?"
- **2차 방어**: (담담하게) "그래서 더 제가 해보고 싶습니다. 제 인생에서 생기는 결과는 제가 직접 겪어봐야 납득이 되거든요."

▶ 연애, 소비, 라이프스타일에 훈수를 둘 때

- **상황**: "그렇게 살면 나중에 후회한다" "그 선택은 별로야"라며 당신의 삶 전반을 교정하려 들 때.
- **대사**: (웃으며 정리하듯) "조언 고마워요. 근데 이건 제 인생이라, 결과도 제가 안고 갈게요."
- **예상 반격**: "나중에 힘들어져도 도움 요청하지 마라?"
- **2차 방어**: (부드럽지만 분명하게) "도움이 필요하면 그때 부탁드릴게요. 지금은 제 선택을 제가 책임지는 쪽으로 가보겠습니다."

조언과 간섭의 차이는 책임을 누가 지느냐에 있습니다. 결과를 대신 살아줄 수 없다면, 결정도 대신 내려서는 안 됩니다. 누군가의 불안을 덜어 주기 위해 당신의 인생이 보수적으로 굳어버릴 필요는 없습니다. 실패하더라도 내 판단으로 해본 실패는 자산이지만, 남의 말만 듣고 피한 인생은 늘 찝찝한 '미수 사건'으로 남습니다.

"제가 책임질게요"라는 말은 무모한 선언이 아니라, 자기 인생의 운전대를 다시 잡는 말입니다. 당신의 삶은 조언의 집합이 아니라, 선택의 연속으로 완성됩니다. 오늘 그 한마디가, 당신을 누군가의 보호 대상이 아니라 자기 인생의 주인으로 돌려놓을 겁니다.

"확실하게 하기 위해서 기록된 메일부터 같이 보실까요?"

_기억의 왜곡을 이용해 가스라이팅에 팩트로 맞서라

"내가 그런 말 했다고?" "너 착각한 거 아니야?"

분명히 들었고, 분명히 합의했는데, 시간이 조금만 지나면 말이 바뀌는 사람들이 있습니다. 그 순간부터 대화는 '일 이야기'가 아니라 '기억력 테스트'로 변질됩니다. 그리고 이 싸움은 거의 항상 지칩니다. 왜냐하면 기억은 감정과 이해관계에 따라 얼마든지 모양이 바뀌기 때문입니다.

이럴 때 필요한 건 더 정확한 기억이 아니라, 기억을 대신할 수 있는 증거입니다. 말로 "제가 맞습니다"를 증명하려고 할

수록 상대의 페이스에 말려듭니다. 이 문장은 싸움의 링 자체를 바꿉니다. 기억의 영역에서 기록의 영역으로. 누구의 해석이 맞느냐가 아니라, 무엇이 남아 있느냐로 판을 고정시키는 방식입니다.

▶ 분명히 지시받은 일인데 나중에 "난 그런 말 안 했다"고 할 때

- **상황**: 상사가 결과가 마음에 안 들자 "그렇게 하라고 한 적 없다"며 책임을 돌릴 때.
- **대사**: (노트북을 열며 침착하게) "어, 제가 잘못 이해했을 수도 있겠네요. 그럼 지난번 메일이랑 회의 정리한 거 같이 보면서 다시 맞춰볼까요?"
- **예상 반격**: "사람이 말로 한 걸 다 기록하고 다니냐? 너무 빡빡하게 군다."
- **2차 방어**: (화면을 돌려 보여주며) "두 번 일 안 하려고요. 여기 보시면 이 날짜에 이 방향으로 진행하자고 정리되어 있습니다. 이 기준으로 가면 되죠?"

▶ 합의했던 내용을 슬쩍 바꿔서 잡아떼는 동료 대응

- **상황**: 회의 때 분명 동의했던 사람이, 나중에 와서 "나는 그런 얘기 한 적 없다"고 발뺌할 때.
- **대사**: (메신저 화면을 열어서 보여 주며 담담하게) "대리님, 이때

'그렇게 하자'고 답 주신 게 남아 있네요. 지금 말씀과 달라지면 일정 다시 짜야 해서요."

- **예상 반격**: "그때랑 지금 상황이 다르잖아. 너는 왜 그렇게 융통성이 없어?"
- **2차 방어**: (사무적으로) "상황이 바뀌면 다시 합의하면 되죠. 근데 기존 합의가 없었던 것처럼 가는 건 곤란합니다. 이 기록 기준으로 수정할지 말지만 정하면 될 것 같아요."

직장에서 당신을 지켜주는 건 기억력이 아니라 기록입니다. 말은 분위기에 따라 바뀌지만, 기록은 편을 들지 않습니다. 증거를 꺼낸다고 해서 당신이 차가운 사람이 되는 게 아닙니다. 그건 일을 일로 끝내겠다는 태도일 뿐입니다.

누군가는 당신을 보고 "왜 그렇게 다 남겨두냐? 숨 막힌다"라고 말할지도 모릅니다. 하지만 사실은 그 반대입니다. 기록이 있어야 쓸데없는 말싸움이 사라지고, 쓸데없는 감정 소모가 줄어듭니다. 오늘부터 기억으로 싸우지 말고, 남겨둔 텍스트로 정리하세요. 그 순간부터 가스라이팅은 힘을 잃고, 일은 다시 일의 자리로 돌아옵니다.

“과장님, 제가 예민한 게 아니라 이 상황이 좀 무례한 거 아닌가요?”

_ 개인의 성격 탓으로 돌리는 무책임한 화법을 차단하라

무례한 말을 던져놓고, 상대가 표정이 굳으면 곧바로 이렇게 말하는 사람들이 있습니다. “왜 그렇게 예민해?” “농담도 못 받아 주고 피곤하다” 이 한마디로 순식간에 문제는 사라지고 사람만 남습니다. 방금 전까지는 ‘그 말이 적절했는가’가 쟁점이었는데, ‘네 성격이 왜 그러냐’는 재판으로 바뀌는 겁니다.

이때 많은 사람들이 속으로 생각합니다. ‘내가 너무 예민한가?’ ‘그냥 웃고 넘길 걸 그랬나?’ 이런 생각은 문제를 사람에게서 떼어내 다시 상황 위에 올려놓는 것입니다. 내가 어떤 성

격이냐가 아니라, 방금 벌어진 장면이 업무 공간에서 적절했느냐로 기준을 되돌리는 겁니다. 프레임이 이동하는 순간, 상대의 방패는 힘을 잃습니다.

▶ 무례한 말을 해놓고 "예민하다"고 덮어씌울 때

- **상황**: 상사나 동료가 선 넘는 농담이나 참견을 해놓고, 표정이 굳자 "요즘 사람들은 참 예민해서 문제야"라고 몰아갈 때.
- **대사**: (잠깐 멈췄다가 차분하게) "과장님, 이게 제가 예민한 문제가 아니라, 누가 들어도 불편할 수 있는 말 아닌가요?"
- **예상 반격**: "아니, 이 정도도 못 받아 주면 사회생활 어떻게 해?"
- **2차 방어**: (담담하게) "사회생활은 서로 불편한 말을 참고 넘기는 게 아니라, 서로 선을 지키는 거라고 생각합니다."

▶ 여럿 있는 자리에서 망신 주고 '장난'으로 처리할 때

- **상황**: 사람들 앞에서 당신을 깎아내리는 말을 해놓고 "왜 이렇게 진지해, 장난인데"라며 당신을 분위기 망치는 사람으로 만들 때.
- **대사**: (웃지 않고 정면으로) "팀장님, 이건 장난으로 넘어갈 수 있는 말은 아닌 것 같습니다."
- **예상 반격**: "와, 진짜 숨 막힌다. 앞으로 말도 못 하겠네."
- **2차 방어**: (업무 쪽으로 화제를 정리하며) "편하게 말하는 거랑 무례하게 말하는 건 다르죠. 업무 얘기 계속하시죠."

"예민하다"는 말은 대개 상황을 설명하기 싫을 때 쓰는 가장 쉬운 회피입니다. 그 말에 말려들어 스스로를 변호하기 시작하는 순간, 당신은 이미 진 게임을 하고 있는 겁니다. 중요한 건 당신의 성격이 아니라, 그 장면이 과연 직장에서 허용 가능한 장면이었느냐입니다.

선을 넘는 말을 "내가 예민해서"라고 처리해 주는 순간, 그 선은 점점 더 밀려옵니다. 오늘 한 번만 제대로 짚어두면, 다음부터는 훨씬 편해집니다. 당신의 감각은 문제를 일으키는 게 아니라, 문제를 발견하고 있다는 신호입니다. 그 감각을 의심하지 마세요. 그게 당신의 기준이고, 그 기준이 당신을 함부로 대하지 못하게 만듭니다.

“팀장님, 저를 위한다는 핑계로 가능성까지 닫지는 말아 주세요”

_ ‘걱정’이라는 이름의 가스라이팅으로부터 내 선택을 지키자

“다 너 생각해서 하는 말이야.” 이 문장을 듣는 순간, 이상하게 대화는 이미 끝나 있는 경우가 많습니다. 상대는 이미 당신의 미래를 대신 결정해 놓은 상태이기 때문입니다. 겉으로는 걱정처럼 보이지만, 그 안에는 “넌 여기까지가 한계야”라는 판단이 슬쩍 끼어 있습니다. 그리고 그 판단은, 당신의 능력이 아니라 상대의 불안에서 나오는 경우가 대부분입니다.

사람들은 종종 자기 인생에서 실패한 선택을, 타인의 인생에까지 복사하려 합니다. “나는 해봤는데 안 되더라”는 말은

"너도 하지 마"로 바뀝니다. 이 문장은 그 프레임을 끊습니다. 상대의 불안을 당신의 인생 기준으로 쓰지 않겠다는 선언입니다. 걱정이라는 말 뒤에 숨어 있는 '통제'와 '한계 규정'을 정중하지만 분명하게 돌려보내는 말입니다.

▶ 내 진로나 선택을 '위한다는 말'로 꺾으려 할 때

- **상황**: 새로운 도전이나 이동을 준비 중인데 "너 그러다 다친다" "그건 네 급이 아니야" 같은 말을 걱정인 척 던질 때.
- **대사**: (차분하게) "팀장님, 걱정해 주시는 건 감사한데요. 저를 위한다는 이유로 제 가능성까지 미리 닫아두지는 말아 주세요."
- **예상 반격**: "그래, 네 인생이니까 네 맘대로 해. 나중에 힘들다고 하지 말고."
- **2차 방어**: (담담하게) "네, 그 책임까지 포함해서 제가 선택하는 겁니다. 결과는 제가 감당하겠습니다."

▶ 능력을 과소평가하며 보호자 포지션에 서려 할 때

- **상황**: 이미 맡아서 진행 중인 일인데도 "그건 네가 하기엔 아직 무리야" "내가 시키는 대로만 해"라며 기회를 차단할 때.
- **대사**: (부드럽지만 분명하게) "팀장님, 그 일은 제가 책임지고 해 보고 싶습니다. 실력은 결과로 증명하게 기회를 주세요."
- **예상 반격**: "괜히 욕심내다가 팀에 피해 주면 어떡하려고 그래?"

• **2차 방어**: (고개를 끄덕이며) "그래서 더 준비했고, 더 신중하게 접근하고 있습니다. 중간 점검은 얼마든지 받겠습니다."

누군가의 말이 당신을 안전하게 만들기는커녕 작아지게 만든다면, 그건 조언이 아니라 제약입니다. 진짜로 당신을 아끼는 사람은, 당신의 인생을 대신 운전하려 들지 않습니다. 넘어질 수 있다는 걸 알면서도, 직접 운전대를 잡게 놔두는 사람입니다.

'걱정'이라는 말에 당신의 세계를 줄이지 마세요. 누군가는 당신의 인생이 너무 멀리 가는 게 불편할 뿐입니다. 당신은 남의 안심을 위해 사는 사람이 아닙니다. 당신의 속도로, 당신의 방향으로 가십시오. 설령 돌아가게 되더라도, 그 길은 당신의 선택으로 만들어진 길일 테니까요.

"부장님 기분 맞춰드리는 게 제 업무는 아니잖아요"

_ 당신은 직원이 아니라 '감정 대리인'으로 살고 있지는 않나요?

회사에 들어오면 어느새 이런 역할을 맡고 있는 사람들이 있습니다. 상사의 표정부터 살피고, 말투에 맞춰 톤을 조절하고, 기분이 안 좋아 보이면 괜히 더 조심하는 사람. 하루를 돌아보면 일보다 사람의 컨디션 관리에 더 많은 에너지를 쓰고 있습니다. 그런데 그건 당신의 직무 설명서에 없는 일입니다. 당신은 성과를 내기 위해 고용된 사람이지, 누군가의 기분을 관리하기 위해 출근하는 사람이 아닙니다.

감정 기복이 심한 사람들은 종종 그 부담을 주변 사람에게

나눠 짊어지게 합니다. 분위기가 안 좋으면, 꼭 누군가는 눈치를 보게 만들죠. 이 문장은 그 구조를 끊습니다. "그건 당신 감정이고, 나는 내 일을 하러 왔다"는 역할 선언입니다. 상대의 기분을 책임지는 자리에서 내려오는 순간, 관계의 무게중심은 다시 제자리로 돌아옵니다.

▶ 비위를 맞추지 않자 '사회성'을 문제 삼을 때

- **상황**: 상사의 기분에 맞춰 리액션하지 않았다는 이유로 "요즘 애들은 싹싹한 맛이 없어" "사회생활 그렇게 하는 거 아니다"라는 말을 들을 때.
- **대사**: (차분하게) "부장님, 저는 지금 맡은 일을 처리하느라 집중하고 있었습니다. 기분 맞추는 것보다 결과를 내는 게 제 역할이라고 생각합니다."
- **예상 반격**: "말 똑 부러지게 하네. 선배가 걱정돼서 하는 말이야."
- **2차 방어**: (정중하게) "걱정해 주셔서 감사합니다. 그래서 더 일로 보여드리려고 합니다. 지금 우선순위 업무부터 마무리하겠습니다."

▶ 기분이 상했다고 태도를 문제 삼을 때

- **상황**: 상사의 말에 과하게 맞장구치지 않았다는 이유로 "너는 참 정이 없어" "붙임성이 부족해"라는 평가를 들을 때.

- **대사**: (담담하게) "저는 예의는 지키지만, 누군가의 감정을 관리하는 역할까지 맡고 싶지는 않습니다. 제 일은 제 일로 책임지겠습니다."
- **예상 반격**: "참, 요즘 애들 상대하기 힘들다."
- **2차 방어**: (업무 쪽으로 대화를 돌리며) "그럼 지금 급한 건 이 안건부터 정리하면 될 것 같습니다. 일정 맞춰서 공유드리겠습니다."

직장에서 당신의 책임은 성과이지 기분이 아닙니다. 누군가 하루 종일 예민하다면, 그건 그 사람이 관리해야 할 문제입니다. 그걸 대신 떠안아 주는 순간, 당신의 업무 에너지는 조용히 새어 나가기 시작합니다.

"그건 제 일이 아닙니다"라고 말하는 건 무례가 아닙니다. 내 역할을 정확히 정의하는 프로의 태도입니다. 오늘부터는 사람의 표정보다 일정표를 먼저 보세요. 당신은 누군가의 하루를 편안하게 해 주기 위해 고용된 사람이 아니라, 일을 해내기 위해 고용된 전문가입니다. 그 사실을 잊지 마세요.

“계속 같은 얘기 반복인데, 오늘은 여기까지만 하시죠”

_ 벽과 대화하느라 당신의 영혼을 깎지 마라

대화를 하다 보면, 어느 순간 깨닫게 됩니다. 이 사람은 이해하려는 게 아니라, 지치게 하려는 거구나. 팩트를 말해도 말꼬리를 물고, 요지를 짚어도 딴소리를 하고, 사과를 요구하면 갑자기 피해자가 됩니다. 당신은 문제를 풀고 싶어서 계속 설명하지만, 상대는 그 설명을 새로운 혼란의 재료로 씁니다. 이건 대화가 아니라 소모전입니다.

많은 사람들이 여기서 멈추지 못합니다. “그래도 끝을 봐야지” “여기서 내가 나가면 진 것 같잖아”라는 생각 때문이죠.

하지만 말이 통하지 않는 사람과 끝까지 이야기하는 건, 설득이 아니라 자기 마모입니다. 이 문장은 그 판을 뒤집는 말이 아닙니다. 그 판에서 아예 내려오는 말입니다. 대화의 가치를 평가하고, "여기까지"를 선언하는 순간, 주도권은 다시 당신에게 돌아옵니다.

▶ 억지 논리로 같은 얘기만 반복하며 시간을 잡아먹을 때

- **상황**: 상대가 잘못은 인정하지 않은 채 과거 이야기, 엉뚱한 사례, 책임 전가만 반복하며 대화를 빙빙 돌릴 때.
- **대사**: (시계를 한번 보고) "팀장님, 지금 얘기 계속 제자리걸음인 것 같습니다. 오늘은 여기까지 하시죠."
- **예상 반격**: "왜, 할 말 없으니까 도망가는 거야?"
- **2차 방어**: (짐 정리하며) "도망이 아니라 중단입니다. 정리된 의견 있으면 메일로 주세요. 그때 다시 보죠."

▶ 감정적으로 폭주해서 대화가 아니라 공격이 될 때

- **상황**: 목소리가 커지고, 인신공격이 섞이고, 이성적인 대화가 완전히 불가능해졌을 때.
- **대사**: (손을 들어 보이며) "지금은 대화가 아니라 감정 배출에 가깝습니다. 이 상태로는 아무 결론도 안 납니다. 여기까지 하죠."
- **예상 반격**: "너 지금 나 무시하는 거지?"

• **2차 방어**: (의자를 밀고 일어서며) “무시가 아니라, 더 망가지기 전에 멈추는 겁니다. 진정되면 다시 얘기하죠.”

모든 대화가 해결로 이어질 필요는 없습니다. 어떤 대화는, 중단되는 순간에만 나를 지켜줍니다. 이해시키려 할수록 당신을 더 지치게 만드는 사람들이 있습니다. 그들에게 필요한 건 논리가 아니라, 당신의 부재입니다.

“여기까지 하겠습니다”는 패배 선언이 아닙니다. 내 에너지와 시간을 회수하겠다는 주권 선언입니다. 당신이 자리를 뜨는 순간, 상대는 더 이상 당신의 감정을 연료로 쓸 수 없습니다. 말이 통하지 않는 사람에게 당신의 진심을 계속 들이붓지 마세요. 당신의 침묵과 퇴장은, 그 어떤 반박보다 강력한 경계선이 됩니다.

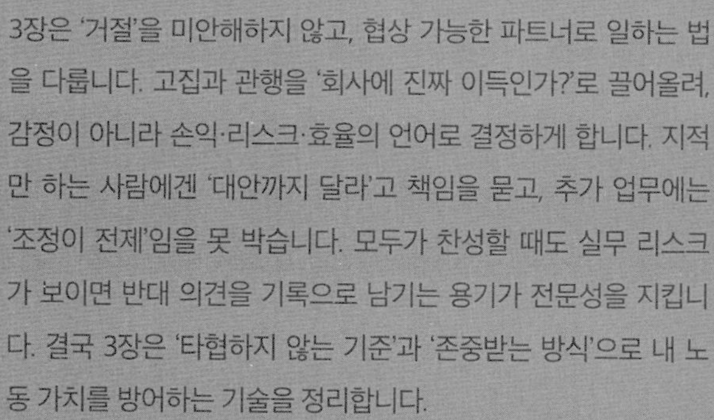

3장은 '거절'을 미안해하지 않고, 협상 가능한 파트너로 일하는 법을 다룹니다. 고집과 관행을 '회사에 진짜 이득인가?'로 끌어올려, 감정이 아니라 손익·리스크·효율의 언어로 결정하게 합니다. 지적만 하는 사람에겐 '대안까지 달라'고 책임을 묻고, 추가 업무에는 '조정이 전제'임을 못 박습니다. 모두가 찬성할 때도 실무 리스크가 보이면 반대 의견을 기록으로 남기는 용기가 전문성을 지킵니다. 결국 3장은 '타협하지 않는 기준'과 '존중받는 방식'으로 내 노동 가치를 방어하는 기술을 정리합니다.

3장

"거절은 제 권리입니다, 당당하게 아니라고 할게요"

휘둘리지 않고 내 의도대로 이끄는 법

"팀장님, 그 방식이 효율 면에서 진짜 이득이 될까요?"

_ 개인의 고집에 휘둘리는 당신의 전문성을 구출하라

회의를 하다 보면, 근거보다 사람의 고집이 먼저 결정되는 순간이 있습니다. "예전부터 이렇게 해왔어" "내가 해보니까 이게 맞아"라는 말이 나오면, 데이터와 효율 이야기는 슬그머니 밀려납니다. 당신은 그 방식이 비효율적이라는 걸 알면서도, 괜히 찍힐까 봐, 괜히 분위기 깰까 봐 입을 다물죠. 그리고 그 선택의 후폭풍은 늘 실무자가 떠안습니다. 야근, 재작업, 일정 꼬임. 전부 다요.

많은 조직에서 '조용히 따르는 사람'은 협조적인 사람으로 포장됩니다. 하지만 잘못된 결정을 알면서도 침묵하는 건 협조가 아니라 방조에 가깝습니다. 이 문장은 상대를 이기기 위한 말이 아닙니다. 싸움의 기준 자체를 "누가 맞느냐"에서 "회사가 손해 보느냐"로 들어 올리는 말입니다. 개인의 고집을 조직의 손익 계산대 위에 올려놓는 순간, 그 고집은 더 이상 멋있지 않습니다.

▶ 근거 없는 자기 방식을 밀어붙이는 상사 대응

- **상황**: 상사가 "원래 이렇게 해왔다"는 이유만으로 비효율적인 프로세스를 계속 고수하려 할 때.
- **대사**: (자료를 한 번 더 넘기며) "팀장님, 그 방식이 편한 건 이해합니다. 그런데 전체 일정이랑 비용까지 놓고 보면, 효율 면에서 진짜 이득이 맞는지 조금 걱정됩니다."
- **예상 반격**: "내가 해봐서 아는데, 괜히 복잡하게 만들지 말고 시키는 대로 해."
- **2차 방어**: (차분하게) "시키신 대로 할 수는 있습니다. 다만 이대로 가면 리스크가 이 정도 나옵니다. 나중에 문제 생기면 팀 전체가 부담이라서, 한 번만 더 검토하고 가자는 겁니다."

▶ 자기 부서 편의만 앞세우는 동료 대응

- **상황**: 타 부서가 자기들 일정만 편하자고 무리한 요구를 던져올 때.

- **대사**: (일정표를 보며) "그 방식이면 그쪽은 편해지겠지만, 전체 일정은 이틀 더 밀립니다. 결국 우리 다 같이 야근인데, 회사 입장에서 이득인 선택은 아닌 것 같습니다."
- **예상 반격**: "협업하자는 건데 너무 계산적으로 구네."
- **2차 방어**: (담담하게) "계산 안 하면 결국 사람이 갈려 나갑니다. 저는 회사랑 팀이 같이 손해 보는 방향엔 동의하기 어렵습니다."

조직에서 주도권은 목소리 큰 사람이 아니라, 명분을 쥔 사람이 가져갑니다. 당신이 "이게 회사에 이득이냐"는 질문을 던지는 순간, 싸움은 개인 감정 싸움이 아니라 경영 판단의 영역으로 올라갑니다. 그리고 그 자리에선 고집보다 숫자가, 체면보다 리스크가 더 힘을 가집니다.

당신은 시키는 일만 처리하는 사람이 아니라, 쓸데없는 손해를 막는 전문가입니다. 회사의 이익이라는 언어로 말하기 시작하는 순간, 당신의 의견은 '토'가 아니라 '판단 근거'가 됩니다. 그때부터 사람들은 당신을 고집 센 직원이 아니라, 판단할 줄 아는 실무자로 보기 시작합니다. 당신의 전문성은 일을 많이 하는 데서 완성되는 게 아니라, 회사가 바보 같은 선택을 하지 않게 막는 데서 증명됩니다.

"그럼 어떻게 할까요? 구체적인 대안도 같이 주시죠"

_ 지적질만 하는 상대를 향한 실무적인 카운터펀치

회사에는 꼭 이런 사람들이 있습니다. 뭘 가져가면 "이건 안 될 것 같고요" "그건 리스크가 크고요"라며 안 되는 이유만 아주 능숙하게 설명하는 사람들. 그런데 정작 "그럼 어떻게 하면 좋을까요?"라고 물으면, 갑자기 조용해집니다. 비판은 빠른데, 책임은 느린 사람들입니다. 그들의 말은 문제를 줄이기보다, 일의 속도만 떨어뜨립니다.

지적은 누구나 할 수 있습니다. 하지만 해결까지 책임질 생각이 없는 지적은 의견이 아니라 구경에 가깝습니다. 이 문장은 상대를 안전한 관전자 자리에서 끌어내려, 같이 책임지는 플레이어 자리로 앉히는 말입니다. "그럼 대안은?"이라는 질문이 나오는 순간, 그 사람의 말은 평가가 아니라 업무의 일부가 됩니다.

▶ 회의 때마다 반대만 하고 본인은 아무것도 안 낼 때

- **상황**: 매번 아이디어에 태클만 걸고, 정작 본인은 어떤 안도 제시하지 않을 때.
- **대사**: (메모를 하다 고개를 들며) "지적해 주신 부분은 이해했습니다. 그럼 이걸 대체할 수 있는 안은 뭐가 있을까요? 바로 실행 가능한 수준으로 하나만 주세요."
- **예상 반격**: "아이디어 내는 건 실무자들이 하는 거지, 내가 다 만들어 주냐?"
- **2차 방어**: (차분하게) "그럼 지금 말씀은 '문제 있다'는 코멘트까지만이고, 해결책은 없다는 뜻이네요. 그럼 이 안으로 일단 진행하고, 리스크는 제가 관리하겠습니다."

▶ 협업하면서 계속 발목만 잡는 동료 대응

- **상황**: 프로젝트 내내 "그건 안 될 듯" "그건 위험해"만 말하고 본인은 손 하나 안 움직일 때.
- **대사**: (말을 끊고) "안 되는 건 알겠어. 그래서 대안은? 이 상태

로는 프로젝트가 한 발짝도 못 나가."

- **예상 반격**: "난 리스크 짚어 주는 역할이지, 해결사 역할은 아니거든?"
- **2차 방어**: (단호하게) "리스크만 던지고 빠지는 건 역할이 아니라 방해에 가까워. 다음 회의 때는 최소한 하나라도 대안 가져와 줘."

문제점을 찾는 사람은 많습니다. 하지만 문제 해결에 자기 이름을 거는 사람은 적습니다. 당신은 후자 쪽이어야 합니다. 그리고 누군가 전자에 머물러 있다면, 그를 후자의 자리로 끌어내릴 책임도 실무자에게 있습니다.

"그럼 대안은요?"라는 질문은 공격이 아닙니다. 일을 끝내기 위한 최소한의 책임 요구입니다. 그 질문을 던지는 순간, 회의실의 공기는 달라집니다. 구경꾼은 말을 줄이고, 일할 사람만 남습니다. 당신의 프로젝트를 입으로만 일하는 사람들에게 맡기지 마세요. 비판하려면, 그만큼의 책임도 함께 지게 만드세요. 그게 일을 앞으로 가게 만드는 사람의 언어입니다.

"팀장님, 제가 이걸 맡으면 다른 업무는 조정해 주시는 거죠?"

_ 착한 직원이 아니라 '협상하는 파트너'가 되어라

회사에서 일이 늘어나는 방식은 대체로 비슷합니다. 어느 날 갑자기 "이것도 같이 좀 해줘"라는 말이 얹히고, 당신은 습관처럼 고개를 끄덕입니다. 처음엔 '도와주는 것'이었지만, 몇 번 반복되면 그건 어느새 당연한 역할이 됩니다. 당신의 일정은 점점 빡빡해지고, 정작 중요한 일은 밤에 하게 됩니다. 하지만 문제는 일이 많아지는 게 아니라, 아무 조정도 없이 일이 추가되는 구조입니다.

비즈니스에서 추가 업무는 호의가 아니라 자원 재배치입니다. 이 문장은 대화를 "시킬게"에서 "조정하자"로 바꿉니다. 내가 이 일을 맡는다면, 무엇이 빠지는지, 무엇이 지원되는지를 묻는 순간, 당신은 더 이상 '그냥 버티는 사람'이 아니라 일을 설계하는 파트너가 됩니다.

▶ 내 직무가 아닌 일까지 얹으려 할 때

- **상황**: 팀장이 다른 사람 몫의 일까지 "이번엔 네가 좀 같이 해줘"라며 자연스럽게 얹을 때.
- **대사**: (일정표를 보며) "팀장님, 이거 제가 맡는 건 괜찮은데요. 그러면 지금 제가 하고 있는 B업무는 일정 조정이 필요할 것 같은데, 그건 어떻게 정리하면 될까요?"
- **예상 반격**: "다들 힘든데 그 정도도 못 버텨?"
- **2차 방어**: (차분하게) "버티는 건 가능한데, 그러다 둘 다 퀄리티 떨어지면 더 문제 될 것 같아서요. 하나를 제대로 하려면 하나는 빼야 할 것 같습니다."

▶ 타 부서에서 당연한 듯 협조를 요구할 때

- **상황**: 자기들 일정이 급하다고 우리 팀의 자원을 공짜처럼 쓰려고 할 때.
- **대사**: (정중하게) "지원하는 건 괜찮습니다. 대신 이번 건 끝나면 저희 쪽 일정 밀린 부분, 그쪽에서 우선 처리해 주실 수 있을까요?"

- **예상 반격**: "그건 또 왜 거래처럼 나와요? 협조하자는 거잖아요."
- **2차 방어**: (웃으며) "그래서 서로 맞춰야죠. 한쪽만 계속 내주면 협조가 아니라 부담이 되거든요."

일을 더 맡는 게 문제가 아닙니다. 아무 조정도 없이 더 맡는 게 문제입니다. 조정 없는 추가 업무는 헌신이 아니라 소모입니다. "이거 하면, 저건 어떻게 되나요?"라는 질문은 계산적인 태도가 아니라, 프로의 업무 관리입니다. 당신의 시간과 에너지는 무한하지 않습니다. 조건 없이 주는 "네"는, 당신의 노동 가치를 스스로 할인하는 행위일 뿐입니다.

오늘부터 기억하세요. 당신은 부탁을 들어주는 사람이 아니라, 리소스를 조율하는 사람입니다. 당신의 "Yes"에는 반드시 조정표가 따라붙어야 합니다.

"다들 괜찮다 하셔도, 저는 반대하겠습니다"

_ 나이스한 동조자가 아니라 단단한 전문가로 남아야 합니다

회의실에서 고개가 동시에 끄덕여질 때, 혼자만 다른 생각을 하고 있다는 걸 깨닫는 순간이 있습니다. 자료를 다시 봐도, 시뮬레이션을 돌려봐도 불안 요소가 분명한데, 분위기는 이미 "가자" 쪽으로 흘러갑니다. 이때 많은 사람들이 침묵을 선택합니다. 틀린 결정을 막는 것보다, 미운 털 안 박히는 게 더 안전해 보이기 때문입니다. 하지만 조직이 무너지는 순간을 되돌아보면, 대개 그 시작은 아무도 반대하지 않았던 회의였습니다.

전문가의 역할은 분위기에 맞추는 사람이 아니라, 리스크를 먼저 말하는 사람입니다. 이 문장은 개인 취향이나 기분이 아니라, '실무 책임자 기준'을 전면에 내세우는 선언입니다. 찬반을 감정 싸움으로 끌고 가지 않고, 책임의 문제로 격상시키는 순간, 상대는 이 말을 가볍게 넘기기 어려워집니다.

▶ 리스크가 분명한 기획안을 분위기로 밀어붙일 때

- **상황**: 다들 윗선 눈치 보느라 침묵한 채, 당신이 보기엔 구조적으로 터질 가능성이 큰 프로젝트를 승인하려는 흐름일 때.
- **대사**: (자료를 한 장 넘기며 차분하게) "분위기는 이해합니다. 다만 이 구조로 가면 일정이랑 비용 쪽에서 동시에 터질 가능성이 큽니다. 실무 담당자 입장에선 이 리스크를 안고 '찬성'이라고 말하기 어렵습니다. 저는 반대 의견으로 남기겠습니다."
- **예상 반격**: "지금 이 분위기에 굳이 초 치는 소리를 해야 해? 다들 가자는데."
- **2차 방어**: (담담하게) "지금 초 치는 게 낫지, 나중에 불 끄느라 팀이 밤새는 게 더 문제일 것 같습니다. 기록에 제 반대 의견 남겨 주세요."

▶ 관행이라는 이름으로 위험한 선택을 강요할 때

- **상황**: "원래 다 이렇게 해왔다"는 말로, 법적·윤리적·실무적으로

불안한 방식을 그대로 따르라고 할 때.

- **대사**: (고개를 저으며) "관행인 건 알겠습니다. 그런데 이 방식에 문제가 생기면 책임 소재가 너무 애매해집니다. 그 리스크를 제가 떠안는 구조라면, 저는 이 방향에 동의 못 합니다."
- **예상 반격**: "너만 너무 원칙적인 거 아니야? 다들 그렇게 해왔어."
- **2차 방어**: (조용히) "그래서 사고 나면 항상 '왜 아무도 말 안 했냐'고 하지 않습니까. 저는 지금 말하겠습니다. 이 방식은 위험합니다."

집단 속에 섞이는 건 편하지만, 그 대가는 전문가로서의 이름을 포기하는 것일 수 있습니다. "아니오"라고 말하는 순간, 잠깐은 불편해질 수 있습니다. 하지만 시간이 지나 문제가 생기면, 사람들은 결국 누가 위험하다고 말했는지를 찾게 됩니다.

모두에게 무난한 사람이 되려 하지 마십시오. 대신, 위험 앞에서 입을 다물지 않는 사람이 되십시오. 당신의 한 번의 반대가 프로젝트를 살리고, 무엇보다 당신 스스로의 기준을 지켜줍니다. 조직이 당신에게 월급을 주는 이유는 고개를 끄덕이기 위해서가 아니라, 생각하고 판단하라고 두는 것입니다.

“설득하시려면 감정 말고, 저한테 데이터부터 주세요”

_ ‘좋은 게 좋은 거’라는 말을 숫자로 끝내는 법

“이건 왠지 될 것 같아” “한 번만 나 믿고 가보자”

회사에서 이런 말이 나오기 시작하면, 이미 경고등은 켜진 겁니다. 감정과 직감은 참고 의견일 수는 있어도, 수억 원과 수천 시간의 리소스를 움직이는 결정의 근거가 되지는 못합니다. 하지만 현실에서는 여전히, 근거 없는 확신이 ‘열정’이라는 이름으로 포장되어 회의를 밀어붙입니다. 그 결과는 대개, 나중에 책임질 사람만 남는 구조입니다.

일의 세계에서 가장 공정한 언어는 감정이 아니라 숫자와 근거입니다. 이 문장은 대화를 '믿음과 의리'의 장에서 '검증과 책임'의 장으로 강제로 옮겨놓습니다. 데이터를 요구하는 태도는 차가운 게 아니라, 실패할 가능성을 줄이려는 실무자의 의무에 가깝습니다. 무리한 제안을 정면으로 거절하지 않고도, 아주 프로답게 멈춰 세우는 방식입니다.

▶ 근거 없는 제안을 친분으로 밀어붙일 때

- **상황**: 동료가 "이거 느낌이 너무 좋아, 무조건 터질 것 같아"라며 시장 검증도 없이 일단 진행하자고 할 때.
- **대사**: (표정에서 웃음기를 거두고) "얘기는 접어두고, 시장 데이터부터 가져와 줘. 수요 예측이나 매출 시뮬레이션 없으면 이건 검토 안 할게."
- **예상 반격**: "야, 너무 계산적인 거 아니야? 나 한 번만 믿어 주면 안 돼?"
- **2차 방어**: (차분하게) "그래서 더 필요해. 내가 이걸 들고 윗선을 설득하려면 '너 믿어' 말고 '이 숫자 보세요'가 있어야 하잖아. 데이터 주면 그때 같이 보자."

▶ 열정과 확신만으로 프로젝트를 밀어붙일 때

- **상황**: 상사가 "내 감이 그래" "일단 질러보자"라며 구체적인 근거 없이 큰 프로젝트를 지시할 때.

- **대사**: (침착하게) "팀장님, 방향성은 이해합니다. 그런데 이 규모는 감으로 결정하기엔 리스크가 큽니다. 성공 확률이랑 손익 구조, 수치로 한 번만 같이 보고 결정하면 안 될까요?"
- **예상 반격**: "요즘 젊은 사람들은 왜 이렇게 조심스럽기만 해? 패기가 없어."
- **2차 방어**: (또박또박) "패기는 실행할 때 쓰는 거고, 결정은 검증하고 하는 게 맞습니다. 데이터로 가능성만 확인되면, 그땐 저도 누구보다 앞장서겠습니다."

비즈니스에서 가장 강한 설득 도구는 목소리 크기가 아니라 엑셀 표입니다. 상대가 감정으로 밀어붙일수록, 당신은 더 차분하게 근거를 요구해야 합니다. 그 순간, 싸움의 판은 이미 당신에게 유리하게 넘어옵니다.

"데이터를 가져오라"는 말은 냉정한 거절이 아니라, 책임 있는 결정만 하겠다는 선언입니다. 당신이 숫자를 요구하기 시작하는 순간, 사람들은 더 이상 당신을 '정으로 설득할 수 있는 사람'으로 보지 않게 됩니다. 그리고 바로 그 지점에서, 당신은 조직 안에서 아무 말로도 휘둘리지 않는 전문가의 자리로 올라가게 됩니다.

"제안은 감사합니다만, 제 기준이랑은 맞지 않습니다"

_ 한 번의 타협이 당신의 전문성을 싸구려로 만든다

"이번 한 번만 눈감아 줘" "이 정도는 유연하게 처리해"

현장에서는 늘 이런 말들이 아주 그럴듯한 얼굴로 날아옵니다. 빠르게 끝내자는 명분, 관계를 좋게 가져가자는 분위기, 괜히 혼자 까다로운 사람 되기 싫은 마음. 그렇게 한 번, 두 번 기준을 낮추다 보면 어느 순간부터 일의 기준은 사라지고, 사람 눈치만 남습니다. 그리고 그때부터 당신의 이름이 붙은 결과물은, 당신의 통제 밖으로 흘러다니기 시작합니다.

자기 원칙이 분명한 사람은 조직에서 '불편한 사람'이 아니라, 가장 예측 가능하고 신뢰할 수 있는 사람이 됩니다. 반대로 타협을 계속 요구하는 사람들은, 일을 잘되게 하려는 게 아니라 당신의 기준선을 어디까지 밀 수 있는지 시험하는 경우가 많습니다. 이 문장은 상대의 호의를 먼저 존중하되, 거절의 이유를 기분이 아니라 '원칙'이라는 흔들리지 않는 기준 위에 올려놓는 방식입니다.

▶ 편법이나 대충 넘어가자는 제안을 할 때

- **상황**: 선배나 동료가 "이건 그냥 건너뛰고 가도 돼"라며 절차를 생략하자고 할 때.
- **대사**: (조금 난처한 듯 웃으며) "시간 아끼자는 취지는 이해하는데요, 이렇게 가면 나중에 제가 계속 마음이 불편할 것 같아서요. 저는 그냥 원래 절차대로 마무리하겠습니다."
- **예상 반격**: "아니, 그렇게 꽉 막혀서 어떻게 일해? 다들 이 정도는 적당히 넘어가."
- **2차 방어**: (차분하게) "남들은 몰라도, 제 이름 걸고 나가는 건데요. 저는 이 부분만큼은 대충 못 합니다. 정확하게 가는 게 제 기준입니다."

▶ 규정 밖의 부탁이나 애매한 절충안을 내밀 때

- **상황**: 거래처나 타 부서에서 규정에 어긋나는 요청을 하며 "좋은

게 좋은 거 아니냐"고 설득할 때.

- **대사**: (정중하지만 분명하게) "신경 써주신 건 감사한데요, 이건 제 권한 밖이고 원칙에도 안 맞습니다. 나중에 문제 생기면 제가 책임질 수 없는 건 못 받겠습니다."
- **예상 반격**: "아, 너무 딱딱하시네. 우리 사이에 이 정도도 못 봐줘요?"
- **2차 방어**: (담담하게) "원칙 안에서만 좋은 사이가 유지되는 거라고 생각합니다. 원칙을 어기면서까지 유지할 관계는 아니라고 봅니다."

원칙을 지키는 사람은 처음엔 "유연하지 않다"는 말을 듣습니다. 하지만 시간이 지나면, 중요한 일일수록 가장 먼저 찾게 되는 사람이 됩니다. 왜냐하면 그 사람은, 어디까지가 가능하고 어디부터가 불가능한지가 항상 같기 때문입니다.

"제 기준과 맞지 않습니다"라는 말은 고집이 아니라 자기의 영역을 지키는 선언입니다. 타인의 편의를 위해 당신의 기준을 깎아내리지 마십시오. 당신이 끝까지 지키는 그 선이, 결국 당신의 값어치를 만듭니다. 원칙을 지키는 고독을 두려워하지 마세요. 그 고독이 쌓여, 아무도 함부로 흔들 수 없는 당신만의 신뢰 자산이 됩니다. 당신의 기준이 곧 당신의 브랜드입니다.

"대리님, 협업을 원하시면 기본적인 매너부터 맞춰주세요"

_ 수평적 파트너십의 출입문은 '존중'입니다

함께 일하는 동료나 유관 부서 사람이, 마치 하청 주듯 말을 던질 때가 있습니다. 자료를 책상에 놓고 "이거 오늘까지요" 한마디. 반말 섞인 메신저. 건조한 명령형 문장들. 많은 분들이 이렇게 생각합니다. "일만 되면 됐지, 태도까지 따질 필요 있나" 하지만 태도는 사소한 장식이 아니라, 그 사람이 일을 어떻게 대하는지 보여주는 사용 설명서입니다.

무례한 태도를 한 번 허용하면, 다음부터는 요청이 아니라 지시가 기본값이 됩니다. 그 순간부터 그 관계는 협업이 아니라, 일방향 소모전이 됩니다.

무례한 소통은 팀 안에 보이지 않는 마찰열을 쌓아 올립니다. 같은 일을 해도 두 배로 지치게 만들고, 결과물의 품질도 갉아먹습니다. 이 문장은 일을 거부하는 말이 아니라, 일을 제대로 하기 위한 '입장 조건'을 제시하는 말입니다. "우리는 같은 선에서 이야기해야 결과가 나온다"는 메시지를 분명히 하는 것이죠.

▶ 협업 관계인 타 부서 사람이 무례하게 일을 던질 때

- **상황**: 자료를 툭 내려놓으며 "이거 오늘까지 처리해 주세요"라고 통보하듯 말할 때.
- **대사**: (자료에 바로 손대지 않고 상대를 보며) "대리님, 요청하시는 건지 지시하시는 건지 잘 모르겠습니다. 협업을 원하시면 말부터 정중하게 해 주세요."
- **예상 반격**: "다들 바쁜데 그런 것까지 신경 써야 합니까? 일만 되면 되는 거죠."
- **2차 방어**: (차분하지만 선을 긋고) "바쁜 건 저도 같습니다. 그래도 서로 예의 지키면서 해야 일이 굴러가죠. 이렇게 말씀하시면 협조하기 어렵습니다. 다시 말씀해 주세요."

▶ 메신저나 메일로 공격적인 톤의 지시를 보낼 때

- **상황**: 반말이나 날 선 표현이 섞인 메시지로 일을 지시해 올 때.
- **대사**: (답장으로) "내용은 확인했습니다. 다만 표현이 협업하기에는 조금 거칩니다. 정중하게 다시 보내 주시면 그때 처리하겠습니다."
- **예상 반격**: "이런 걸로 트집 잡으시면 일 어떻게 합니까?"
- **2차 방어**: (담담하게) "트집이 아니라 기준입니다. 기본적인 매너가 지켜져야 업무도 깔끔하게 진행됩니다. 그게 안 되면 저도 대응하지 않겠습니다."

당신이 무례함을 참고 넘긴다고 해서, 상대가 고마워하진 않습니다. 오히려 '이 사람은 이렇게 대해도 된다'는 사용법을 학습할 뿐입니다. 그 순간부터 당신의 시간과 에너지는 더 싸게 쓰이기 시작합니다.

"매너를 갖춰달라"는 말은 예민한 투정이 아닙니다. 프로로서 일할 수 있는 환경을 요구하는 정당한 조건입니다. 당신이 태도의 선을 긋는 순간, 사람들은 깨닫게 됩니다. 당신과 일하려면, 최소한 존중이라는 입장권을 내야 한다는 것을. 협업의 주도권은 일을 가장 많이 하는 사람에게 가는 것이 아니라, 일이 되는 조건을 정할 줄 아는 사람에게 갑니다. 나는 정중한 대우를 받으면서 일해야 할 충분한 자격이 있는 사람입니다.

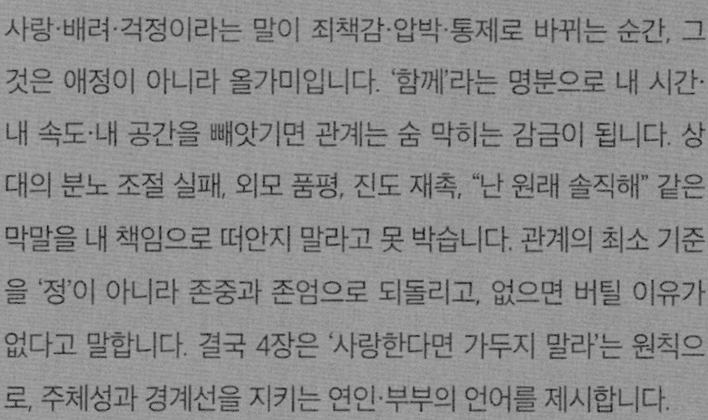

사랑·배려·걱정이라는 말이 죄책감·압박·통제로 바뀌는 순간, 그것은 애정이 아니라 올가미입니다. '함께'라는 명분으로 내 시간·내 속도·내 공간을 빼앗기면 관계는 숨 막히는 감금이 됩니다. 상대의 분노 조절 실패, 외모 품평, 진도 재촉, "난 원래 솔직해" 같은 막말을 내 책임으로 떠안지 말라고 못 박습니다. 관계의 최소 기준을 '정'이 아니라 존중과 존엄으로 되돌리고, 없으면 버틸 이유가 없다고 말합니다. 결국 4장은 '사랑한다면 가두지 말라'는 원칙으로, 주체성과 경계선을 지키는 연인·부부의 언어를 제시합니다.

4장

“사랑한다는 이유로 나를 가두지 마세요”

연인과 부부 사이, 나를 지키는 법

“고마운 건 알겠는데, 그걸로 나를 압박하지는 마”

_ ‘너를 위해서’라는 다정함이 사실은 올가미라면?

평소에는 너무나 다정하고 헌신적인 사람. 그런데 당신이 자기 뜻대로 움직이지 않을 때만 “내가 너한테 어떻게 했는데 이래?” “다 너 잘되라고 한 소리야”라는 말을 꺼냅니다. 이건 애정 표현이 아니라, 죄책감을 이용한 압박입니다.

많은 사람들은 상대의 배려를 쉽게 거절하지 못합니다. “내가 너무 매정한가?”라는 생각이 먼저 들기 때문입니다. 하지만 정말 순수한 호의라면, 그것을 이유로 상대의 선택을 통제하지는 않습니다. 한 번의 친절이, 앞으로의 결정까지 묶어두는 족쇄가 되게 둘 필요는 없습니다.

심리학적으로 이런 사람들은 자신의 친절을 일종의 '채권'처럼 사용합니다. "내가 이만큼 해줬으니, 너는 내 말을 들어야 한다"는 구조입니다. 결국 배려를 쌓아두었다가, 결정적인 순간에 그걸로 상대를 움직이려는 방식입니다. 이 문장은 과거의 호의와 현재의 선택을 분리합니다. 어제의 친절이 오늘의 복종을 요구할 권리는 아니라는 사실을 분명히 선을 긋는 말입니다.

▶ 과거의 헌신을 들먹이며 내 결정을 바꾸려 할 때

- **상황**: "내가 저번 주말에 네 일정 다 맞춰줬잖아. 근데 넌 왜 내 부탁 하나 안 들어줘?"라며 압박할 때.
- **대사**: (상대를 똑바로 보며 차분하게) "그때 배려해준 건 정말 고마워. 근데 그걸 이유로 지금 내가 원하지 않는 걸 하라고 하는 건 좀 다른 문제야."
- **예상 반격**: "와, 진짜 냉정하다. 사람이 어떻게 그렇게 계산적이야? 난 진심으로 한 건데."
- **2차 방어**: (말려들지 않고) "진심이었다면, 내 거절도 존중해 줄 수 있어야지. 해준 걸 빚처럼 느끼게 만들지는 말아 줘."

▶ '너 잘되라고 하는 말'이라며 사생활을 간섭할 때

- **상황**: 내 커리어나 인간관계에 대해 본인 기준을 들이대며 "다 너 걱정돼서 그러는 거야"라고 할 때.
- **대사**: (감정 섞지 않고) "걱정해 주는 마음은 고마운데, 그게 내 선택을 바꾸라고 압박하는 이유는 아니야. 내 인생은 내가 결정할게."
- **예상 반격**: "나중에 후회해도 난 모른다. 사람 참 고집 세네."
- **2차 방어**: (담담하게) "후회해도 내가 감당할 몫이야. 나를 위한다면 내가 직접 겪어볼 권리도 존중해 줘."

누군가를 진짜로 아낀다는 건, 그 사람의 선택지를 줄이는 게 아니라 넓혀주는 쪽에 가깝습니다. 상대의 친절에 보답하느라 당신의 주체성을 내주지 마세요. 당신은 보호받아야 할 인형이 아니라, 스스로 판단하고 결정하는 성인입니다. 당신의 "아니오"가 상대의 다정함을 분노로 바꾼다면, 그 다정함은 애초에 조건부였던 것입니다.

“사랑한다고 내 시간까지 다 가지려고 하지 마”

_ ‘함께’라는 이름으로 당신의 ‘혼자’가 지워지고 있습니다

연락이 조금만 늦어도 서운해하고, 주말마다 무조건 같이 있어야 사랑이라고 말하는 사람이 있습니다. 처음에는 “나를 많이 좋아하나 보다” 하고 넘어가지만, 어느 순간부터 숨이 막히기 시작합니다. 당신의 일정은 점점 줄어들고, 당신의 시간은 점점 상대의 소유물처럼 취급됩니다.

많은 사람들이 관계를 지키기 위해 자기 시간을 양보하지만, 그렇게 쌓인 양보는 결국 ‘관계 속 역할’만 남기고 ‘나 자신’을 지워버립니다. 어떤 관계든, 각자가 혼자 숨 쉴 수 있는

공간이 없으면 오래 버티기 어렵습니다.

건강한 관계는 두 사람이 한 몸처럼 붙어 있는 상태가 아니라, 각자의 세계를 가진 채 연결되는 상태입니다. 이 문장은 사랑의 기준을 "얼마나 같이 있느냐"에서 "서로의 영역을 얼마나 존중하느냐"로 옮깁니다. 한쪽이 계속 자기 삶을 줄여가며 유지하는 관계는, 겉보기엔 다정해 보여도 안쪽에서는 반드시 균열이 쌓입니다.

▶ 친구나 가족과의 만남을 질투하며 눈치를 줄 때

- **상황**: 친구를 만나러 간다고 하면 "나보다 그 사람들이 더 중요해?" "난 오늘 너 보려고 일정 다 비웠는데"라며 죄책감을 씌울 때.
- **대사**: (변명하지 않고 담담하게) "우리 관계랑 내가 다른 사람 만나는 건 다른 문제야. 사랑한다고 해서 내 생활 전부를 내려놓을 수는 없어."
- **예상 반격**: "말 진짜 서운하게 한다. 난 그냥 너랑 있고 싶어서 그런 건데."
- **2차 방어**: (차분하게) "같이 있고 싶은 마음은 고마워. 근데 그 마음이 나를 묶어두는 이유가 되면 안 되지. 이건 꼭 존중해 줬으면 해."

▶ **혼자만의 시간이 필요하다고 했더니 '변했다'고 몰아붙일 때**

- **상황**: "예전엔 안 그랬잖아" "이제 나랑 있는 게 지겨워진 거지?" 라며 휴식 욕구를 애정 문제로 몰아갈 때.
- **대사**: (시선을 피하지 않고) "지겨운 게 아니라, 혼자 쉬어야 다시 괜찮아지는 타입이야. 나를 아낀다면 이 방식도 좀 이해해 줘."
- **예상 반격**: "같이 쉬면 되잖아. 왜 꼭 혼자여야 해?"
- **2차 방어**: (분명하게) "사람마다 회복 방식이 달라. 나는 혼자 있어야 에너지가 돌아와. 이걸 인정해 주는 게 진짜 배려라고 생각해."

자기 자신을 잃어가면서 유지되는 사랑은 결국 균형이 무너집니다. 혼자일 때 숨 쉴 수 있어야, 함께 있을 때도 관계가 버텨줍니다. 상대의 불안을 달래주기 위해 당신의 고독과 자유를 계속 내어주지 마세요. 당신의 시간은 당신의 것이고, 당신의 리듬은 당신이 정하는 것입니다. 자기 세계를 지키는 사람이, 결국 사랑도 가장 오래 지켜냅니다.

"자기가 화내는 것까지 내가 미안해할 필요는 없어"

_ 상대의 분노 조절 실패를 당신의 책임으로 떠안지 마세요

상대가 목소리를 높이거나 표정이 굳는 순간, 혹시 자동으로 "제가 뭐 잘못했나요?"부터 떠올리시나요? 많은 사람들이 갈등을 키우고 싶지 않다는 이유로, 상대의 감정 폭발까지 자기 책임처럼 끌어안습니다. 하지만 분노를 어떻게 표현할지는 전적으로 그 사람의 선택입니다.

누군가 화를 냈다는 사실은, 당신의 인격 점수가 낮다는 뜻이 아니라 그 사람이 감정을 다루는 방식이 미숙하다는 신호일 뿐입니다. 관계를 지키겠다는 이유로 타인의 감정 관리까

지 대신 맡아줄 필요는 없습니다.

이 문장은 감정의 소유권을 원래 주인에게 돌려주는 말입니다. 상대가 흥분하고 폭발하는 문제를, 당신의 태도나 인격의 문제로 바꿔치기하지 못하게 막는 선 긋기이기도 합니다. 내가 책임질 영역과, 상대가 책임져야 할 영역을 분리하지 않으면 당신의 마음은 계속 남의 감정 처리장으로 쓰이게 됩니다. 당신의 평온은, 어디까지가 내 몫인지 명확히 정하는 순간부터 지켜집니다.

▶ 본인이 소리를 질러놓고 원인을 내 탓으로 돌릴 때

- **상황**: 상대가 폭언이나 고함을 쏟아낸 뒤 "네가 그렇게 굴었으니까 내가 화낸 거잖아"라며 책임을 전가할 때.
- **대사**: (목소리를 낮추고 단정하게) "화내는 방식은 본인 선택이죠. 불만이 있으면 말로 하면 되지, 소리 지른 걸 제 탓으로 돌리지는 마세요."
- **예상 반격**: "지금 그게 할 말이야? 네가 얼마나 사람을 긁었는지 생각 안 해?"
- **2차 방어**: (선 긋듯) "불만 제기하는 건 상관없어요. 하지만 소리 지르고 몰아붙이는 건 대화가 아니에요. 계속 그러시면 이 얘기는 여기까지 하겠습니다."

▶ **침묵이나 냉대로 죄책감을 유도할 때**

- **상황**: 마음에 안 들었다는 이유로 며칠씩 연락을 끊거나 차갑게 굴면서, 당신이 먼저 사과하길 기다릴 때.
- **대사**: (매달리지 않고 차분하게) "말 안 하고 사람 불안하게 만드는 방식은 동의 못 하겠어요. 그렇게 해서 내가 먼저 미안해지길 바라는 거라면, 그건 안 통합니다."
- **예상 반격**: "그래, 그럼 그렇게 살아. 나도 더 이상 말 안 할게."
- **2차 방어**: (담담하게) "선택은 존중할게요. 다만 이런 방식이 우리 관계에 도움이 안 된다는 건 분명히 해두고 싶습니다."

상대의 기분은 당신의 '생활 태도 점수'가 아닙니다. 누군가 화를 냈다는 이유만으로 당신이 고개 숙일 필요는 없습니다. 당신이 먼저 미안해지기 시작하는 순간, 상대는 당신을 감정을 쏟아내도 되는 안전한 대상으로 학습합니다. 당신의 존엄은 그런 식으로 소모되라고 있는 게 아닙니다.

누군가 화를 낼 때 가장 먼저 할 일은 사과가 아니라, "이건 저 사람의 감정 관리 문제다"라고 마음속에 선을 긋는 것입니다. 그 선을 지킬 수 있을 때, 당신의 평화도 함께 지켜집니다.

“내 몸에 대한 평가는 그만해. 연인이라도 그건 선 넘는 거야”

_ ‘사랑’이라는 이름으로 당신의 자존감을 좀먹게 두지 마세요

“요즘 좀 통통해진 거 같아” “그 옷은 체형이 다 드러나서 별로야”

가까운 사이라는 이유로, 혹은 솔직한 조언이라는 명목으로 던져지는 말들. 처음에는 대수롭지 않게 넘기지만, 그런 말이 쌓일수록 거울 앞에 서는 시간이 불편해지고 옷을 고르는 손이 망설여집니다. 연인은 함께 삶을 나누는 사람이지, 외모를 채점하는 평가자가 아닙니다. 반복되는 외모 지적은 당신을 한 사람의 인격이 아니라 ‘관리해야 할 대상’으로 보기 시작했

다는 신호에 가깝습니다.

가까운 관계에서 나오는 외모 평가에는 종종 상대를 하나의 인격이 아니라 소유물처럼 다루려는 심리가 숨어 있습니다. 상대의 자신감을 조금씩 깎아내려, 관계 안에서 더 약한 위치로 만들려는 무의식적인 통제이기도 합니다.

이 문장은 내 몸에 대한 결정권은 오직 나에게 있다는 선언입니다. 상대의 취향과 평가로 나를 재단하려는 시도를 분명하게 차단하는 경계선이 됩니다.

▶ 조언인 척하며 외모를 건드릴 때

- **상황**: "너 예뻐서 하는 말인데, 여기만 좀 빼면 훨씬 좋겠다" 같은 식으로 은근히 상처 되는 말을 반복할 때.
- **대사**: (표정 굳히고 또박또박) "내 몸에 대해 평가하는 말 하지 마. 자기가 관리해 주는 것도 아닌데 그런 얘기 들을 이유 없어. 내 몸은 내가 책임질게."
- **예상 반격**: "아니, 좋은 뜻으로 한 말인데 왜 이렇게 날 세워? 다 너 생각해서 하는 말이잖아."
- **2차 방어**: (차분하지만 단호하게) "정말 나를 생각한다면 이런 말 안 해야지. 이런 얘기 들을수록 나만 위축돼. 이 주제는 여기까지 하자."

▶ **다른 사람과 비교하며 은근히 압박할 때**

- **상황**: "저 사람은 관리 잘했네" "너도 저런 스타일 해보지 그래" 같은 말을 계속 꺼내며 비교할 때.
- **대사**: (잠깐 바라보다가 담담하게) "남이랑 비교하는 거, 되게 불편하고 무례해. 나는 누구 흉내 내려고 사는 사람 아니야."
- **예상 반격**: "에이, 그냥 말해본 거지. 농담도 못 받아들이네. 너무 예민한 거 아냐?"
- **2차 방어**: (선을 긋듯) "농담이든 아니든, 나는 싫어. 내 외모 얘기로 웃자고 하는 거, 앞으로는 하지 말아 줘."

당신을 고쳐 쓰려는 사람을 만족시키기 위해 자신을 줄이지 마세요. 당신의 몸은 평가 대상이 아니라, 당신이 살아온 시간의 기록입니다. 정말로 당신을 사랑하는 사람은, 당신을 바꾸려 하기보다 당신이 편안한 상태를 존중합니다.

외모를 건드려 우위를 잡으려는 방식에 한 번이라도 익숙해지게 두면, 그 선은 점점 더 안쪽으로 밀려옵니다. 당신의 몸과 자존에 대한 주권은 양보할 수 없는 영역입니다. 그것을 지키는 순간, 관계의 수준도 함께 정리됩니다.

“재촉은 멈춰 주세요. 제 인생의 속도는 제가 정합니다”

_ 타인의 조급함에 끌려가며 당신의 생애 시계를 넘기지 마십시오

결혼, 출산, 이직 같은 인생의 큰 결정을 앞두고 “지금 아니면 늦어” “다들 이 나이에 해”라는 말을 듣는 순간이 있습니다. 특히 가까운 사이일수록, 상대의 초조함은 ‘사랑’이나 ‘걱정’이라는 이름으로 포장되어 당신에게 전달되곤 합니다. 하지만 인생은 정해진 출발 신호에 맞춰 뛰는 단체 달리기가 아닙니다.

누군가의 불안을 대신 해소해 주느라 내 삶의 타이밍을 앞당기다 보면, 어느 순간부터 결정의 기준이 ‘내 준비’가 아니라

'상대의 기분'이 되어버립니다. 언제 준비가 되는지, 얼마나 더 확인하고 싶은지는 오직 당신만이 판단할 문제입니다.

이 문장은 결정의 주체와 속도는 전적으로 나에게 있다는 선언입니다. 상대의 페이스에 맞추느라 숨이 가빠지는 관계가 아니라, 서로의 호흡을 존중하는 관계가 건강하다는 기준을 분명히 세우는 말입니다. 서두르지 않겠다는 태도는 우유부단함이 아니라, 인생을 가볍게 넘기지 않겠다는 책임감입니다.

▶ 연인이 결혼이나 진도를 몰아붙일 때

- **상황**: "내 주변은 다 했어" "언제까지 이렇게만 만날 거야?"라며 비교와 압박으로 결정을 재촉할 때.
- **대사**: (목소리 낮추고 또렷하게) "재촉하지 말아 줘. 우리 관계의 다음 단계는 내가 준비되었을 때 가고 싶어. 조급함 때문에 결정하고 싶지는 않아."
- **예상 반격**: "내 입장은 생각 안 해? 너 너무 자기중심적이야."
- **2차 방어**: (차분하게) "자기중심적인 게 아니라, 인생 문제라 신중한 거야. 속도가 다르면 이야기로 맞춰야지, 한쪽이 밀어붙인다고 해결될 일은 아니잖아. 내 시간도 존중해 줘."

▶ 미래를 걸고 압박하며 불안을 전가할 때

- **상황**: 확신이 없다고 했더니 "이 나이에 결정 못 하면 끝이야"

"너랑은 미래가 안 보인다"는 말로 죄책감을 씌울 때.

- **대사**: (테이블을 바라보며 담담히) "결정은 마감 기한 맞추듯 하는 게 아니잖아. 남들 일정표에 맞추고 싶지 않아. 내 확신이 생길 때까지는 이 문제로 몰아붙이지 말아 줘."
- **예상 반격**: "그럼 난 그냥 기다리기만 하라는 거야? 너무 이기적인 거 아니야?"
- **2차 방어**: (분명하게) "내 인생 전체가 걸린 선택이야. 등 떠밀려서 결정할 생각은 없어. 기다리는 게 어렵다면, 그건 우리가 다시 생각해 봐야 할 문제일 수도 있어."

서두른다고 더 단단해지는 관계는 없습니다. 당신이 편안하다고 느끼는 속도가, 당신에게는 가장 정확한 타이밍입니다. 당신의 속도를 존중하지 않는 사람은, 다음 단계에 가서도 또 다른 선택을 재촉하며 통제하려 들 가능성이 큽니다. 누군가의 초조함에 떠밀려 인생의 중요한 문을 열지 마세요. 멈춰 서서 확인하고, 숨을 고를 권리는 오직 당신에게 있습니다.

“그건 솔직한 게 아니라 무례입니다. 표현부터 조심하세요”

_ ‘솔직함’은 막말의 면허증이 아닙니다

상대에게 상처가 되는 말을 던져놓고 “난 원래 솔직해”라고 말하는 사람을 자주 보게 됩니다. 하지만 솔직함은 자기 생각을 책임지는 태도이지, 남의 마음을 베어도 된다는 허가증이 아닙니다. 말은 한 번 밖으로 나오면 되돌릴 수 없습니다. 배려 없이 던진 말은 정보가 아니라 상처로 남습니다. 무례한 언어를 “솔직함”으로 포장하는 순간, 그 사람은 자기 말의 책임에서 슬쩍 빠져나가려는 겁니다.

이런 화법은 공격성을 ‘성격’이라는 가면 뒤에 숨기는 방식입니다. "난 원래 이런 사람이야"라는 말은, 바꾸지 않겠다는 선언이자 사과하지 않겠다는 변명에 가깝습니다. 이 문장은 상대의 프레임을 바꿉니다. '솔직하다'는 긍정의 단어를 '무례하다'는 이름으로 다시 붙여, 말에 대한 책임을 다시 돌려놓는 역할을 합니다.

▶ 자존감을 건드리는 말을 던지고 성격 탓으로 넘길 때

- **상황**: "오늘 스타일 별로다. 기분 나빠하지 마, 난 솔직한 거잖아" 같은 말을 아무렇지 않게 할 때.
- **대사**: (표정 굳히고 또렷하게) "그건 솔직한 게 아니라 무례한 겁니다. 솔직함이 남의 기분을 상하게 할 수 있는 권리는 아니에요. 표현부터 조심하세요."
- **예상 반격**: "와, 말 한마디도 마음대로 못 해? 너랑 있으면 숨 막혀."
- **2차 방어**: (차분하게) "숨 막히면 말을 줄이시면 됩니다. 솔직한 척하면서 상처 주는 방식, 저는 받아 드릴 생각 없습니다."

▶ 다툰 뒤 인신공격을 해놓고 '뒤끝 없다'고 덮으려 할 때

- **상황**: 심한 말로 상대를 깎아내려 놓고 "난 이미 풀렸어, 너도 잊어"라며 넘어가자고 할 때.
- **대사**: (거리를 두고 낮은 톤으로) "본인은 풀렸을지 몰라도, 저는 아직 상처받아 있습니다. 막말을 솔직함으로 포장하고 끝낼 일

은 아니에요."

- **예상 반격**: "아, 진짜 까다롭네. 미안하다고 했잖아."
- **2차 방어**: (말 끊고) "사과는 말로 끝나는 게 아니라 태도가 바뀌는 걸로 증명하는 겁니다. 성격 탓으로 합리화하지 말고, 다시는 이런 표현 쓰지 마세요."

다정한 언어를 쓸 줄 모르는 사람과는 깊은 신뢰를 만들기 어렵습니다. "솔직해서 좋다"는 말은 상대를 존중하는 선을 지킬 때만 성립합니다. 나의 귀와 마음은 아무 말이나 쏟아내는 통로가 아닙니다. 무례한 언어를 '그 사람 성격'으로 받아주지 마십시오. 선을 분명히 긋는 순간, 상대는 비로소 자기 말의 무게를 배우게 됩니다. 평온은 무례한 말을 거절할 수 있을 때 지켜집니다.

"존중이 없는 관계라면, 거기서 더 버틸 이유는 없습니다"

_ 사랑이라는 이름으로 방치된 무례에 종지부를 찍으십시오

"그래도 정이 있잖아" "여기까지 온 시간이 아깝잖아"

이런 말들은 관계를 살리는 주문처럼 들리지만, 실제로는 나를 더 오래 상처 속에 묶어두는 변명이 되는 경우가 많습니다. 관계에서 가장 기본이 되어야 할 것은 애정이 아니라 존중입니다. 존중이 빠진 자리에 남는 건, 애착이 아니라 피로이고, 사랑이 아니라 소모입니다. 계속 버티는 쪽만 깎여 나가는 관계는, 이미 유지가 아니라 침식에 가깝습니다. 그만두는 건 도망이 아니라, 나를 구조하는 선택입니다.

존중받지 못하는 관계에 오래 머물수록 사람은 이상하게 변합니다. 점점 말수가 줄고, 스스로를 설명하는 데 지치고, 결국 '내가 예민한가?'라는 쪽으로 방향을 틀게 됩니다. 이것이 가장 위험한 지점입니다. 나를 작게 만드는 관계는, 나를 사랑하는 관계가 아닙니다. 이 문장은 관계를 살릴지 말지의 기준을 '정'이 아니라 '존엄'으로 되돌려놓는 선언입니다.

▶ 무시와 책임 전가가 반복되는 연인에게 관계를 정리할 때

- **상황**: 사과는 늘 하지만 태도는 바뀌지 않고, 존중 없는 말과 행동이 주기적으로 되풀이될 때.
- **대사**: (지친 목소리로, 하지만 또렷하게) "우리는 서로를 존중하는 사이가 아니에요. 사랑이라는 말로 계속 버텨왔지만, 난 더 이상 나를 깎아가면서 만나고 싶지 않습니다. 여기까지 할게요."
- **예상 반격**: "이 정도로 헤어지자고? 너 너무 냉정한 거 아니야? 두고두고 후회할걸?"
- **2차 방어**: "이건 감정이 아닌 태도의 문제예요. 나를 인격적으로 대하지 않는 관계를 계속 붙잡는 게 더 큰 후회일 겁니다."

▶ 결혼이나 가족이라는 이름으로 지배하려 할 때

- **상황**: "참아야지" "네가 맞춰야지" 같은 말로 일방적인 희생을 당연하게 요구할 때.

- **대사**: (눈을 피하지 않고) "나는 당신의 소유물이 아닙니다. 존중 없는 관계를 유지하자고 결혼한 게 아니에요. 이 방식이 계속되면, 나도 더는 그대로 있지 않겠습니다."
- **예상 반격**: "가족끼리 왜 이렇게까지 말해? 예민한 거 아니야?"
- **2차 방어**: (단호하게) "가족이니까 더 조심해야죠. 내가 느끼는 모욕을 '가족'이라는 말로 덮지 마세요. 이건 분명한 경고입니다."

관계는 참는 쪽이 이기는 게임이 아닙니다. 계속 참아야만 유지되는 관계는, 이미 한쪽만 남아 있는 관계입니다. 혼자 있는 외로움은 견딜 수 있지만, 함께 있으면서 스스로를 잃는 고립은 사람을 망가뜨립니다.

나는 누군가의 기분을 맞추기 위해 존재하는 사람이 아니라, 존중받기 위해 존재하는 사람입니다. 존중이 사라진 곳에서 물러나는 순간, 내 인생은 비로소 다시 제 자리를 찾기 시작합니다.

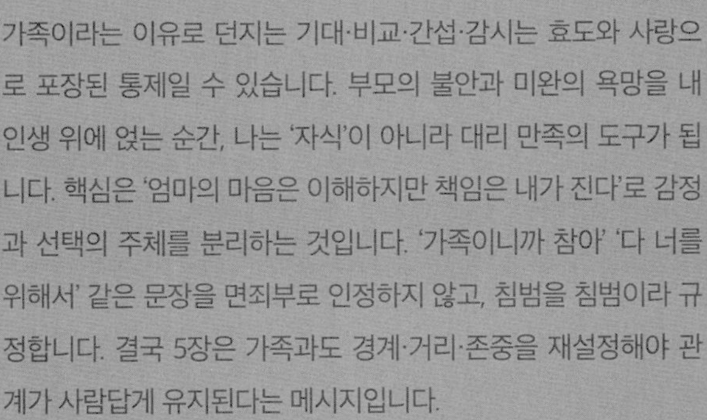

가족이라는 이유로 던지는 기대·비교·간섭·감시는 효도와 사랑으로 포장된 통제일 수 있습니다. 부모의 불안과 미완의 욕망을 내 인생 위에 얹는 순간, 나는 '자식'이 아니라 대리 만족의 도구가 됩니다. 핵심은 '엄마의 마음은 이해하지만 책임은 내가 진다'로 감정과 선택의 주체를 분리하는 것입니다. '가족이니까 참아' '다 너를 위해서' 같은 문장을 면죄부로 인정하지 않고, 침범을 침범이라 규정합니다. 결국 5장은 가족과도 경계·거리·존중을 재설정해야 관계가 사람답게 유지된다는 메시지입니다.

5장

“가족이라도 선은 넘지 말아 주세요”

✦

혈연의 무게, ‘효도’라는 가스라이팅 끊기

"엄마 마음은 이해해. 하지만 내 인생의 책임은 내가 질게"

_ 부모님의 미완의 꿈을 대신 살아 주지는 마세요

"너만큼은 실패 안 했으면 좋겠다" "이 정도는 해줘야 부모 체면이 서지"

이런 말들은 걱정처럼 들리지만, 종종 부모의 불안과 미련을 자식의 인생 위에 얹는 방식으로 작동합니다. 많은 사람들이 부모를 실망시키는 게 두려워 원하지 않는 길을 선택하고, 하고 싶은 일을 미뤄둔 채 살아갑니다. 하지만 그 선택의 대가는 시간이 갈수록 고스란히 자기 삶의 허기로 돌아옵니다. 부모를 만족시키는 인생과, 내가 납득하는 인생은 생각보다 자주 다른 방향으로 갑니다.

부모의 기대와 내 욕망이 뒤섞이면, 사람은 어느 순간 '내가 뭘 원하는지'보다 '부모가 뭘 원하시는지'부터 계산하는 사람이 됩니다. 이 문장은 그 뒤엉킨 경계를 다시 나누는 선언입니다. 부모의 감정은 부모가 책임질 몫이고, 내 선택의 결과는 내가 감당할 몫이라는 사실을 조용히, 그러나 분명하게 되돌려 놓는 말입니다.

▶ 원하지 않는 진로나 직업을 계속 설득할 때

- **상황**: "그 길은 불안정하다" "그 직업으로는 먹고 살기 힘들다"며 안전한 길만 고집하실 때.
- **대사**: (차분하게) "엄마가 걱정하는 건 알아. 근데 내 인생에서 어떤 결과가 나오든, 그 책임은 내가 질게. 남의 인생 말고, 내 인생은 내가 한번 살아보고 싶어."
- **예상 반격**: "네가 세상 물정을 몰라서 그래. 나중에 후회하면 어쩌려고 그러니?"
- **2차 방어**: (부드럽게) "후회하더라도 내가 고른 길에서 후회하고 싶어. 그래야 누구도 원망 안 하게 될 것 같아. 그냥 한 번만 믿어 줘."

▶ **결혼, 출산, 인생 타이밍을 재촉할 때**

- **상황**: "누구는 벌써 다 했더라" "너만 늦는다"라며 비교로 압박하실 때.
- **대사**: (미소는 유지하되 선은 긋고) "결혼은 숙제처럼 하는 게 아니잖아. 엄마 마음은 알겠는데, 내 인생의 속도는 내가 정하고 싶어."
- **예상 반격**: "우리가 너 미워서 그러는 줄 알아? 다 걱정돼서 그러는 거지."
- **2차 방어**: (담담하게) "그 마음 고마워. 근데 계속 이 얘기를 하면 나 너무 힘들어. 내 삶은 내가 책임질 테니까, 이 주제는 이제 그만 얘기했으면 좋겠어."

부모님의 서운함을 마주하는 일은 쉽지 않습니다. 착한 자식으로 살아온 사람일수록 더 그렇습니다. 하지만 부모를 실망시키지 않는 인생과, 나를 배신하지 않는 인생은 동시에 가기 어려운 경우가 많습니다.

효도는 모든 선택을 대신 맞춰주는 것이 아니라, 내가 선택한 삶을 책임감 있게 살아내는 모습일 수도 있습니다. 당신의 인생은 부모님의 인생 2회차가 아니라, 당신의 첫 번째이자 유일한 삶입니다. 이제는 허락을 구하는 인생이 아니라, 책임을 지는 인생으로 옮겨갈 때입니다.

“가족이니까 참으라는 말, 그게 제일 아파요”

_ '가족'이라는 이름이 모든 무례의 면죄부가 되지는 않는다

가족이라는 이유로 더 쉽게 선을 넘는 말들이 있습니다. 취업, 결혼, 몸무게, 돈, 비교. 밖에서는 절대 하지 않을 말을, “우리 사이니까”라는 이유로 아무렇지 않게 던집니다. 그리고 당신이 불편하다고 말하면 돌아오는 말은 늘 같습니다. “가족끼리 그럴 수도 있지” “그 정도도 못 참아?” 이 말들은 문제를 해결하는 말이 아니라, 문제를 참는 사람에게 떠넘기는 말일 뿐입니다.

가족 관계에서 가장 많이 망가지는 것은 '예의'가 아니라

'경계'입니다. 한 사람이 계속 참고 넘기는 구조가 굳어지면, 그 사람의 마음은 점점 당연하게 소모됩니다. 이 문장은 가족이라는 특수한 관계보다 '존중받아야 할 한 사람'이라는 기준이 먼저라는 걸 분명히 세우는 말입니다. 정을 이유로 무례를 용인하지 않겠다는 선언이자, 관계의 룰을 다시 쓰겠다는 통보입니다.

▶ 명절이나 모임에서 사생활과 외모를 함부로 건드릴 때

- **상황**: 친척이나 부모가 "연봉은?" "결혼은?" "살 좀 찐 거 아니냐" 같은 말을 농담처럼 던질 때.
- **대사**: (표정 관리한 채 차분하게) "가족이니까 참으라는 말, 저는 상처돼요. 그런 질문은 제 사생활이라서 앞으로 안 하셨으면 좋겠어요."
- **예상 반격**: "아니, 걱정돼서 물어본 건데 왜 이렇게 예민해? 말 한마디도 못 하게 하네."
- **2차 방어**: (시선 피하지 않고) "걱정이랑 평가랑은 다르죠. 이런 얘기 나올 때마다 저는 점점 오기 싫어져요. 이건 제 기준입니다."

▶ 항상 너만 참으라는 역할을 떠맡길 때

- **상황**: 형제자매나 가족 중 누군가 문제를 일으켜도 "네가 좀 이해해" "가족끼리 좋게 넘어가"라며 당신에게만 양보를 요구할 때.

- **대사**: (단정하게) “왜 항상 제가 이해해야 하는 역할이에요? 잘못 한 사람이 고치는 게 먼저지, 제가 참는 게 해결은 아니잖아요.”
- **예상 반격**: “너는 왜 그렇게 유별나게 굴어? 집안 시끄럽게 만들지 말고 좀 넘어가.”
- **2차 방어**: (조용하지만 단호하게) “조용히 넘긴다고 해결된 적 없잖아요. 이번엔 그냥 넘어가지 않겠습니다.”

가족이라고 해서, 당신의 마음까지 공짜로 써도 되는 건 아닙니다. 관계는 참는 쪽만 노력해서 유지되는 순간 이미 기울어져 있습니다. 당신이 선을 긋는다고 가족이 깨지는 게 아니라, 선을 안 그어서 당신이 먼저 닳아 없어지는 겁니다. “이건 상처다”라고 말하는 건 싸우자는 게 아니라, 관계를 사람 대 사람으로 다시 세우자는 요청입니다. 가족이기 때문에 더더욱, 존중은 기본값이어야 합니다.

"엄마, 이건 사랑이 아니라 제 사생활 침범이에요"

_ 가족이라는 이름으로 허용되는 감시를 멈춰 세워라

집에 있어도 늘 누군가의 시선을 의식하게 되는 사람들이 있습니다. 몇 시에 나갔는지, 누구를 만났는지, 뭘 샀는지, 왜 늦었는지. 질문은 사소해 보이지만, 하루에도 몇 번씩 반복되면 숨 쉴 틈이 사라집니다. "걱정돼서" "가족이니까"라는 말은 늘 따라붙지만, 그 말이 많아질수록 당신의 삶은 점점 보고 대상이 됩니다. 관심과 간섭의 차이는 생각보다 단순합니다. 믿고 맡기면 관심이고, 통제하려 들면 간섭입니다.

부모가 자녀를 걱정하는 마음과, 자녀의 삶을 관리하려는 태도는 전혀 다른 문제입니다. 성인이 된 당신의 일정, 인간관계, 공간은 더 이상 보고서가 아닙니다. 이 문장은 '우리가 가족이긴 하지만, 나는 독립된 한 사람'이라는 경계를 분명히 긋는 말입니다. 사랑이라는 이름으로 포장된 감시를 관계의 규칙 위반으로 다시 정의하고, 건강한 거리로 관계를 되돌리는 선언입니다.

▶ 방이나 휴대폰, 개인 물건을 허락 없이 확인할 때

- **상황**: 부모가 당신의 방을 뒤지거나, 휴대폰 메시지를 보고 누구냐고 캐묻는 일이 반복될 때.
- **대사**: (흥분하지 않고 단호하게) "엄마, 이건 사랑이 아니라 사생활 침범이에요. 제 방이랑 제 휴대폰은 허락 없이 보지 말아 주세요. 굉장히 불편합니다."
- **예상 반격**: "부모가 자식 걱정돼서 좀 볼 수도 있지. 뭐 그렇게 숨길 게 많아?"
- **2차 방어**: (차분하게) "숨길 게 있냐 없냐의 문제가 아니에요. 가족이어도 지켜야 할 선이 있어요. 제 공간은 존중해 주세요."

▶ 어디서 뭐 하는지 계속 보고하듯 묻게 할 때

- **상황**: 외출할 때마다 누구 만나는지, 언제 들어오는지, 왜 늦는지 일일이 확인하고 답을 요구할 때.

- **대사**: (신발을 신으며 담담하게) "제 일정은 제가 관리할게요. 걱정해 주시는 건 알겠는데, 매번 보고하듯 설명하는 건 힘들어요."
- **예상 반격**: "위험할까 봐 그러는 거잖아. 왜 그렇게 예민해?"
- **2차 방어**: (분명하게) "걱정이랑 통제는 달라요. 필요하면 제가 먼저 연락드릴게요. 이 방식은 저한테 부담입니다."

집은 감시 카메라가 있는 곳이 아니라, 존중이 기본으로 깔린 공간이어야 합니다. 당신이 선을 긋는다고 가족이 멀어지는 게 아니라, 선이 없어서 당신만 계속 숨 막히는 관계가 되는 겁니다. 사생활을 지키겠다는 말은 독립 선언이 아니라, 성인으로서 관계를 다시 세우겠다는 제안입니다.

부모의 자녀가 아니라, 한 사람의 어른으로 존중받을 때 관계는 오히려 더 오래갑니다. 당신의 삶은 보고용이 아니라, 살기 위한 것입니다.

“다 날 위해서라는 말, 이제 안 믿어”

_ ‘다 너를 위해서’라는 말은 가장 무거운 족쇄다

원치 않는 결혼, 맞지 않는 직업, 혹은 하기 싫은 선택들을 강요하며 부모님은 늘 이렇게 말합니다.

“다 너 잘되라고 하는 소리야”

이 한마디 앞에서 당신은 입을 다물게 됩니다. 부모님의 진심을 의심하는 나쁜 자식이 되는 것 같기 때문입니다. 하지만 한 번만 생각해 보세요. 그 ‘잘됨’의 기준은 과연 누구의 것일까요? 부모님이 설계한 행복의 지도에 당신을 억지로 끼워 맞추고 있는 건 아닐까요? 그것은 당신을 위한 조언이 아니라,

부모님의 불안을 잠재우기 위한 선택 강요일지도 모릅니다.

심리학적으로 부모가 자녀에게 자신의 가치관을 강요하며 "너를 위해서"라고 말하는 것은, 자신의 미완의 욕망을 자녀에게 투사하는 행위입니다. 자녀를 독립된 인격이 아니라 자신의 2회차 인생처럼 다루는 것이죠.

이 문장은 부모의 마음을 공격하는 것이 아니라, 그 조언의 '유효성'을 거부하는 선언입니다. 부모의 기준이 아닌, 나 자신의 감각과 판단을 신뢰하겠다는 성인으로서의 선택입니다.

▶ **부모님의 기준에 맞는 삶을 강요할 때**

- **상황**: 원치 않는 선자리를 강요하거나, 안정적인 직장으로 옮기라며 끊임없이 압박할 때.
- **대사**: (분명하게) "다 날 위해서라는 말, 이제 안 믿어. 내 행복의 기준은 내가 정하는 거야. 더 이상 그걸로 나를 설득하지 마."
- **예상 반격**: "내가 세상 풍파 다 겪어보고 하는 말인데, 네가 뭘 안다고 그래?"
- **2차 방어**: (차분하지만 단호하게) "엄마 때의 정답이 지금 내 인생의 정답은 아닐 수도 있어. 실패해도 내 선택으로 해보고 싶어. 내 인생 좀 존중해 줘."

▶ **비난 섞인 간섭을 '걱정'으로 포장할 때**

- **상황**: 당신의 소비 습관이나 라이프스타일을 깎아내리며 "걱정돼서 하는 말"이라고 할 때.
- **대사**: (말을 자르듯) "걱정이라는 말로 비난하는 거, 이제 듣고 싶지 않아. 정말 날 위한다면 그냥 지켜보고 응원해 줘."
- **예상 반격**: "자식 걱정도 못 하게 하네. 참 무섭다, 무서워."
- **2차 방어**: (담담하게) "무서운 게 아니라 솔직한 거야. 그런 말들은 나한테 힘이 아니라 상처가 돼. 이 얘기는 여기까지 하자."

부모님의 걱정을 당신의 실패 가능성으로 바꿔 짊어지지 마세요. 부모님이 불안해하는 것은, 당신이 부족해서가 아니라 세상이 변하는 속도를 따라가기 두렵기 때문일지도 모릅니다. "안 믿겠다"는 선언은 절연이 아니라, 부모의 불안으로부터 내 삶을 분리하겠다는 독립 선언입니다. 당신의 인생은 당신이 가장 잘 압니다. 부모님의 목소리보다, 이제는 당신 내면의 목소리를 더 신뢰하세요.

33

"엄마, 난 엄마 대리 만족하려고 태어난 게 아니야"

_ 부모님의 못다 이룬 꿈을 대신 짊어진 당신에게

명절마다 친척들 앞에서 당신의 직장과 연봉을 과시하는 부모님, 혹은 당신이 이룬 성취를 마치 자신의 공인 양 떠벌리는 모습에 자괴감을 느끼지는 않나요? 반대로 당신이 그들의 기대에 미치지 못할 때 쏟아지는 노골적인 실망감은 당신을 죄인으로 만듭니다. 당신은 부모님의 자부심을 채워주기 위한 트로피가 아닙니다. 부모님의 결핍을 채워주느라 당신의 인생을 텅 비우지 마세요.

심리학적으로 부모가 자녀의 성취를 자신의 성취와 동일시하는 것을 '나르시시즘적 연장'이라고 합니다. 자녀를 독립된 인격체가 아닌 자신의 자존감을 높여주는 도구로 사용하는 것이죠. 이 문장은 당신의 존재 목적이 부모의 만족에 있지 않음을 분명히 합니다. 부모의 욕망으로부터 '자아를 분리'하여, 성과와 상관없이 당신 자체로 존귀한 존재임을 확립하는 강력한 정체성 선언입니다.

▶ 타인과 비교하며 당신의 성취를 깎아내릴 때

- **상황**: "누구 집 딸은 이번에 전문직 됐다더라"며 당신의 노력을 보잘것없는 것으로 만들 때.
- **대사**: (평온하게) "엄마, 난 엄마 대리 만족시켜 주려고 태어난 거 아니야. 내 인생은 내 속도대로 잘 가고 있어. 남이랑 비교하지 마."
- **예상 반격**: "내가 너 잘되라고 자극 주는 거지, 누가 비교를 했다고 그래?"
- **2차 방어**: (본질을 꿰뚫으며) "자극이 아니라 모욕으로 들려. 남의 자식 자랑할 거면 그 집에 가서 해. 난 내 방식대로 잘 살고 있으니까."

▶ 당신의 성과를 부모님의 공으로 돌리며 생색낼 때

- **상황**: "내가 고생해서 뒷바라지했으니 네가 성공한 거지"라며 당

신의 주체성을 지울 때.

- **대사**: (선 긋기를 하며) "도와준 건 고마운데, 밤새 노력하고 견뎌낸 건 나야. 내 노력을 엄마 공으로만 돌리지 말아 줘."
- **예상 반격**: "부모 공도 모르는 배은망덕한 소리를 하네. 내가 널 어떻게 키웠는데!"
- **2차 방어**: (흔들림 없이) "배은망덕이 아니라 사실을 말하는 거야. 난 엄마 소유물이 아니잖아. 내 성취의 주인은 나야."

부모님을 실망시키는 것을 두려워하지 마세요. 그 실망은 당신의 잘못이 아니라, 부모님이 당신에게 씌운 허황된 프레임이 깨지면서 생기는 자연스러운 통증입니다. 당신이 부모님의 기대를 배신하지 않는 한, 당신은 영원히 타인의 꿈을 대신 살아 주는 조연으로 남게 됩니다. 당신 인생의 주인공은 오직 당신입니다. 부모님의 박수를 받기 위해 무대에 서지 말고, 당신이 즐거운 무대를 스스로 만드세요.

"우리, 적당히 거리를 둬야 더 건강해질 것 같아"

_ 너무 가까워서 망가지는 관계라면, 잠시 숨 쉴 틈이 필요합니다

매일 울리는 전화, 주말마다 당연하다는 듯 강요되는 만남, 사소한 일정까지 보고해야 하는 분위기. 가족이라는 이름으로 서로의 경계를 지워버린 채 살다 보면, 어느 순간부터 관계는 휴식이 아니라 소모가 됩니다. 사소한 말에도 쉽게 상처받고, 사소한 일에도 크게 다투게 되죠. 너무 가까운 관계는 따뜻해지는 대신, 서로를 갉아먹기 시작합니다.

많은 사람들은 가족과 거리를 둔다는 말을 '정이 없는 일'로 오해합니다. 하지만 그 반대입니다. 거리가 없기 때문에 미워

지고, 거리가 없기 때문에 존중이 사라집니다. 관계는 밀착으로 유지되는 게 아니라, 숨 쉴 공간으로 유지됩니다.

심리학적으로 가족 체계 안에서 개인의 자율성이 보장되지 않으면, 관계는 애착이 아니라 상호 소모 구조로 변합니다. 이 문장은 관계를 끊겠다는 선언이 아니라, 관계를 살리기 위한 거리 조정 선언입니다. "덜 보자"가 아니라, "더 오래 잘 보자"라는 선택입니다.

▶ 과도한 연락과 만남을 요구하며 구속할 때

- **상황**: 퇴근 후에도 매일 전화가 오고, 주말마다 당연하다는 듯 본가에 오라고 요구할 때.
- **대사**: (부드럽지만 단호하게) "엄마, 우리 너무 붙어 있어서 자꾸 부딪히는 것 같아. 조금 거리를 두는 게 오히려 더 좋을 것 같아. 당분간 전화는 주말에만 할게."
- **예상 반격**: "자식이 부모랑 거리 두자는 게 말이 되니? 내가 그렇게 부담스러워?"
- **2차 방어**: (차분하게) "부담스러워서가 아니라, 안 싸우고 오래 잘 지내고 싶어서 그래. 각자 생활 존중하면서 만나는 게 더 좋을 것 같아."

▶ **독립(자취)을 선언하자 죄책감으로 압박할 때**

- **상황**: "부모 버리고 나가는 거냐" "우리가 불편하냐"며 감정적으로 몰아붙일 때.
- **대사**: (눈을 맞추고) "버리는 게 아니라, 내 인생을 책임지겠다는 거야. 떨어져 살아야 서로 더 존중하게 되는 것 같아."
- **예상 반격**: "혼자 나가서 고생을 사서 하네. 집 놔두고 왜 굳이 그래?"
- **2차 방어**: (담담하게) "고생도 내가 겪어봐야 어른이 되지. 지금처럼 매일 부딪히는 것보다, 가끔 반갑게 만나는 게 우리한테 더 좋을 것 같아."

관계는 가까울수록 소중해지는 게 아니라, 존중받을 때 소중해집니다. 거리를 둔다는 건 차갑게 식겠다는 말이 아니라, 망가지지 않게 관리하겠다는 선택입니다. 당신이 한 발 물러서는 순간, 당신은 '부모의 아이'에서 '독립된 성인'으로 자리를 옮기게 됩니다. 그 거리 위에서 관계는 비로소 의무가 아니라 선택이 됩니다. 그리고 선택된 관계는, 억지로 붙어 있는 관계보다 훨씬 오래갑니다.

"내 인생에 대해 그렇게 말하는 거, 이제 더 이상 안 들을래"

_ '가족'이라는 이름으로 던지는 비난에 마침표를 찍으세요

"너는 왜 항상 그 모양이니?" "네가 하는 게 다 그렇지 뭐"

가족이라는 이유로 너무 쉽게 던져지는 말들이 있습니다. 남이 했으면 관계를 끊었을 말들인데, '가족이니까'라는 이유로 당신은 삼키는 쪽을 선택해 왔을지도 모릅니다. 하지만 반복되는 비난은 조언이 아니라 성격 파괴입니다. 그 말들은 당신을 고쳐주는 게 아니라, 조금씩 갉아먹습니다.

많은 사람들은 부모의 비난을 '사랑의 잔소리'로 포장해 이해하려 합니다. 하지만 끊임없는 폄하는 사람을 성장시키지

않습니다. 사람을 작게 만듭니다. 그리고 그 목소리는 어느 순간 당신 안에 들어와, 스스로를 공격하는 내면의 목소리가 됩니다.

심리학적으로 반복적 비난은 자존감을 붕괴시키고, 무력감을 학습시키는 전형적인 정서적 통제 방식입니다. 이 문장은 더 이상 그 구조 안에 머물지 않겠다는 관계 규칙 변경 선언입니다. 상대를 설득하려는 말이 아니라, 이제는 이 방식으로는 대화하지 않겠다는 경계선입니다.

▶ 대화 중 인격 모독이나 모욕적인 말을 던질 때

- **상황**: 실수나 약점을 붙잡고 사람 자체를 깎아내리는 말을 쏟아낼 때.
- **대사**: (말을 끊고 차분하게) "내 인생에 대해 그렇게 말하는 거, 이제 더 이상 안 들을래. 이런 식이면 대화 안 해."
- **예상 반격**: "부모가 자식한테 이 정도 말도 못 해? 다 너 잘되라고 하는 말이잖아."
- **2차 방어**: (일어서며) "잘되라고 하는 말이면 사람 존중하면서 말해야지. 비난은 조언이 아니야. 이런 식이면 자리 피할게."

▶ 과거 일을 계속 들춰내며 사람을 규정할 때

- **상황**: "너는 원래 그랬어" "예전에도 똑같았잖아"라며 과거를 무

기로 현재를 공격할 때.

- **대사**: (시선을 고정하고) "과거 끄집어내서 나를 깎아내리는 거, 그만해. 그렇게 말하면 관계만 더 망가져."
- **예상 반격**: "사람이 왜 이렇게 예민해졌어. 예전엔 안 그랬잖아."
- **2차 방어**: (단호하게) "예민해진 게 아니라, 더 이상 상처받으면서 듣지 않겠다는 거야. 존중 없이 말하면 대화 안 해."

당신은 비난을 견뎌내야 유지되는 관계를 계속 끌고 갈 의무가 없습니다. 피로하게 유지되는 평화는 평화가 아니라 침묵으로 버티는 전쟁입니다. 당신의 귀는 독설 처리장이 아닙니다. 당신의 인생은 평가 대상이 아닙니다. 당신이 자리를 뜨는 순간, 상대는 처음으로 깨닫게 됩니다. "이 방식은 더 이상 통하지 않는구나." 경계를 세우는 것은 관계를 깨는 행동이 아니라, 관계를 다시 인간적인 형태로 되돌리는 행동입니다.

"칭찬인 줄 알았는데, 듣고 보니 기분이 좀 나쁘네?"

_ 칭찬의 가면을 쓴 말에 더 이상 웃어 주지 마세요

"너는 성격이 좋아서 아무나 다 잘 만나더라" "살 빼니까 예전보다 훨씬 사람답네"

분명 칭찬처럼 들리는데, 돌아서면 묘하게 기분 나쁜 말들이 있습니다. 대부분 사람들은 분위기를 망치기 싫어서 억지로 웃으며 넘기지만, 그 불쾌감은 집에 돌아온 뒤에야 고스란히 나를 잠식합니다. 상대는 '칭찬'이라는 포장지로 무례를 밀봉한 채 당신을 슬쩍 깎아내리고 있는 겁니다. 그건 호의가 아니라 계산된 공격입니다.

심리학적으로 이런 화법은 직접적인 적대감을 드러낼 용기가 없을 때 사용하는 전형적인 '우회 공격'입니다. 상대는 당신이 반응하면 "칭찬인데 왜 예민해?"라며 빠져나갈 보험 문장을 이미 준비해 둔 상태죠. 이 문장은 상대의 의도가 아니라, '내가 받은 느낌'을 기준으로 판을 다시 세우는 방식입니다. 칭찬이라는 가면을 벗겨내고, 이 대화의 실체가 무례였음을 공개적으로 규정하는 선언입니다.

▶ 외모나 성취를 깎아내리는 '함정 칭찬'을 할 때

- **상황**: "너는 얼굴이 예뻐서 일 좀 못해도 다 용서받겠다, 부러워"라며 나의 능력을 은근히 낮출 때.
- **대사**: (웃음기를 지우고) "어? 칭찬인 줄 알았는데, 듣고 보니까 좀 불쾌하네. 내 노력이 외모로 덮이는 느낌이야."
- **예상 반격**: "아니, 예쁘다는 게 왜 기분 나빠? 칭찬해줘도 유난이네."
- **2차 방어**: (차분하게) "예쁘다는 말은 괜찮아. 근데 '일 못 해도 된다'는 말은 무례해. 내 성과는 내 성과로 봐줘."

▶ 성격이나 라이프스타일을 비꼬는 '비틀린 칭찬'을 할 때

- **상황**: "너는 참 속 편하게 살아서 좋겠다. 나처럼 책임감 있는 사람은 상상도 못 할 인생이네"라고 말할 때.
- **대사**: (상대를 보며) "그게 칭찬이야? 듣고 보니까 나를 되게 가

별게 보는 말 같은데. 기분 안 좋아."

- **예상 반격**: "부러워서 그러는 거지. 너 너무 꼬아서 듣는다."
- **2차 방어**: (단호하게) "부러우면 부럽다고만 해. 사람 깎아내리는 말에 칭찬 얹는 방식, 난 안 받을게."

무례한 사람들은 당신이 '좋은 사람'이라서 넘어갈 거라는 걸 계산하고 말합니다. "기분 나쁘다"고 말하는 건 예민한 게 아니라, 정상적인 감각이 작동하고 있다는 증거입니다. 칭찬처럼 생긴 공격을 그대로 삼키지 마세요. 당신이 정확히 불편함을 짚는 순간, 상대는 깨닫게 됩니다. "아, 이 사람한테는 이런 방식이 안 통하는구나" 당신의 감정은 예민함이 아니라 경계선입니다.

6장은 기분 나쁜 인간관계를 '그냥 참고 버티는 것'이 아니라 정리하고 가벼워지는 기술로 다룹니다. 사적인 질문, 걱정 포장 충고, 인생 채점, 억지웃음 강요, 분위기·감정 통제는 모두 에너지 누수입니다. 대답·해명 대신 질문의 부적절함을 돌려주고, 코치·채점자·연출가 역할을 단호히 거부합니다. 내 감정은 내 관할이고, 상대의 불편은 상대 책임이라는 선을 세워 감정관리 노동에서 내려옵니다. 결국 6장은 '나를 함부로 대하는 관계엔 더이상 투자하지 않는다'는 관계 다이어트의 선언입니다.

6장

"안 맞는 인연, 억지로 붙들고 있지 않겠습니다"

관계 다이어트로 기분 나쁜 지인 걸러내기

"그 질문, 꼭 지금 해야 할 이야기야?"

_ 호기심으로 포장한 무례한 침입을 돌려보내는 법

"월급은 얼마 받아?" "결혼은 왜 아직이야?" "애는 언제 낳을 거야?"

어떤 사람들은 '가까우니까'라는 명분으로 남의 인생 서랍을 마음대로 열어봅니다. 질문하는 쪽은 가벼운 수다라고 생각하지만, 질문을 받는 쪽은 순식간에 벽 없는 방 한가운데에 세워진 기분이 됩니다. 대부분은 분위기를 깨기 싫어서 웃으며 얼버무리죠. 하지만 기억하세요. 대답하기 싫은 질문에 예의 바르게 협조해야 할 의무는 없습니다. 선을 넘은 질문은 질문한 사람이 민망해져야지, 당신이 난처해질 이유는 없습니다.

이런 질문의 상당수는 순수한 관심이 아니라 타인의 영역에 발을 들여놓음으로써 우위를 확인하려는 심리에서 나옵니다. 정보가 생기면, 평가도 따라오기 때문이죠. 이 문장은 그 흐름을 끊고, 대화의 방향을 '답변'에서 '질문 자체의 적절성'으로 되돌리는 장치입니다. 설명하지 않고, 해명하지 않고, "그게 왜 궁금한데?"라는 공기를 만들어 상대를 자기 자리로 되돌려놓는 방식입니다.

▶ 돈, 자산, 수입 같은 민감한 이야기를 캐물을 때

- **상황**: "너 연봉 얼마야?" "모아둔 돈은 있긴 해?"라며 숫자를 요구할 때.
- **대사**: (표정 굳히지 않고 담담하게) "그건 내 개인 영역인데, 굳이 공유해야 할 이야기일까?"
- **예상 반격**: "아, 그냥 궁금해서 물어본 거지. 왜 그렇게 예민해?"
- **2차 방어**: (차분하게 선 긋기) "궁금한 거랑 물어봐도 되는 건 다른 문제잖아. 이건 공개 안 할게."

▶ 결혼, 출산, 인생 계획을 심문하듯 묻기 시작할 때

- **상황**: "너 그러다 혼자 늙어" "애는 빨리 낳아야지" 같은 말을 던질 때.

- **대사**: (고개를 살짝 기울이며) “그 질문, 나한테 허락받고 물어본 건 아니잖아. 좀 부담돼.”
- **예상 반격**: “걱정돼서 그러는 거지. 좋은 말로 해 주는 건데?”
- **2차 방어**: (단호하지만 차분하게) “걱정이 간섭으로 바뀌는 순간, 그건 더 이상 호의가 아니야. 이 주제는 여기까지 하자.”

사적인 영역은 설명해야 지켜지는 것이 아니라, 선을 그어야 유지되는 것입니다. 무례한 질문에 성실하게 답해 주는 순간, 상대는 당신의 인생을 자유이용권처럼 다뤄도 된다고 착각합니다.

“그 질문은 불편하다”라고 말하는 건 싸우자는 게 아닙니다. 내 영역이 어디까지인지 알려주는 최소한의 안내문입니다. 모든 질문에 답할 필요는 없습니다. 당신의 침묵과 거절은 무례가 아니라, 자기 존중의 언어입니다.

"내 인생 코치는 내가 고용할게. 너는 너나 잘해"

_ '걱정'이라는 포장지로 던지는 은근한 깎아내리기 차단법

"그러다 나중에 피 본다?" "내가 생각해서 말해 주는 거야"

이런 말들의 공통점은 하나입니다. 도와줄 생각은 없고, 불안만 던지고 간다는 것. 진짜로 당신을 위하는 사람은 선택을 대신 판단하지 않고, 결정의 무게를 함께 견뎌줍니다. 반면 어떤 사람들은 '걱정'이라는 말을 빌려 당신의 방향 감각을 흔들고, 자기 기준을 주입하려 합니다.

그 말에 귀 기울이는 순간, 당신은 남의 불안 처리장이 됩니다. 그리고 어느새 스스로 묻게 되죠. "내가 정말 잘못 가고 있

나?" 하지만 그 질문이 시작된 순간, 당신의 인생 운전대는 이미 남의 손에 넘어간 것입니다. 이런 화법은 심리적으로 자기 불안과 좌절을 타인에게 옮겨 붙이는 투사에 가깝습니다.

상대는 당신을 '위험한 선택을 하는 사람'으로 만들면서, 상대적으로 자기는 더 현명한 위치에 서고 싶어 하는 것이죠. 이 문장은 그 구조를 뒤집어, "각자 인생은 각자 책임"이라는 원칙을 다시 제자리로 돌려놓는 선언입니다.

▶ 돈 쓰는 방식, 취미, 생활 태도를 두고 '미래 걱정' 타령할 때

- **상황**: "그렇게 쓰다가 나중에 어쩌려고 그래?" "그 습관 오래 못 가." 같은 말을 던질 때.
- **대사**: (가볍게 웃으며) "내 인생 재무팀은 내가 운영해. 걱정은 고마운데, 관리까지 맡길 생각은 없어."
- **예상 반격**: "아니, 진짜로 네가 잘 되길 바라는 마음에서 하는 말인데?"
- **2차 방어**: (톤 낮추고 또렷하게) "잘 되길 바라는 거면 판단 말고 응원을 해줘. 평가는 사양할게."

▶ 성격이나 인간관계를 두고 '너 그러다 외톨이 된다' 식으로 말할 때

- **상황**: "너 그렇게 살면 사람 다 떠나" "성격 좀 둥글게 해" 같은 충고를 던질 때.

- **대사**: (시선 고정하고) "내 인간관계는 내가 책임져. 충고 말고 판정 내리는 건 그만해."
- **예상 반격**: "와, 말 진짜 세게 한다. 호의도 그렇게 받으면 안 되는 것 아니야?"
- **2차 방어**: (차분하게 정리) "호의는 힘이 되고, 평가는 짐이야. 나는 짐은 안 받을게."

세상에는 남 인생 걱정해 주는 데 유난히 열심이면서, 자기 인생은 방치하는 사람들이 많습니다. 그들이 던지는 말은 조언이 아니라, 자기 불안을 처리하기 위한 배출일 때가 대부분입니다.

당신의 인생은 공동 프로젝트가 아니라 단독 작품입니다. 방향을 수정할 권리도, 실패할 권리도, 책임질 권리도 모두 당신에게 있습니다. "내 걱정 말라"고 말하는 건 무례가 아닙니다. 당신의 인생을 당신 손에 다시 쥐겠다는 선언입니다. 당신의 에너지는 남의 불안을 처리하는 데 쓰기엔, 너무 귀합니다.

"내 인생 채점하지 마. 답안지는 내가 쓴다"

_ 자기 기준으로 남의 삶에 점수 매기는 사람들에게

"인생 그렇게 사는 거 아니야" "정상적으로 생각하면 그 선택은 말이 안 되지"

자기 생각을 '의견'이 아니라 '정답'으로 들고 다니는 사람들이 있습니다. 그들은 조언하는 척하지만 실제로는 당신의 삶을 채점하고, 당신이 자기 기준에서 벗어날 때마다 빨간 펜을 듭니다. 처음엔 흔들립니다. "내가 너무 고집 센 건가?" "내가 틀린 길로 가고 있는 건가?" 하지만 잠깐만 생각해 보면 이상합니다. 왜 남의 인생 시험지를 그 사람이 채점하고 있죠?

가치관은 설명할 수는 있어도, 증명할 수는 없는 것입니다. 그럼에도 어떤 사람들은 자기 세계관을 보편 규칙처럼 들이밀며, 당신의 선택을 '수정 대상'으로 취급합니다. 이건 조언이 아니라 통제 욕구에 가깝습니다.

심리적으로는, 자신의 방식이 흔들릴까 불안해서 타인의 선택까지 자기 틀 안에 가둬야 안심하는 유형입니다. 이 문장은 그 구조를 단칼에 끊습니다. "너는 너 인생 감독, 나는 내 인생 감독" 관할권을 분리하는 선언입니다.

▶ 삶의 방식 자체를 '그건 틀렸다'고 규정할 때

- **상황**: 비혼, 이직, 단순한 삶, 다른 가치 선택을 두고 "그건 잘못된 선택이야" "정상적인 사람은 그렇게 안 살아"라고 말할 때.
- **대사**: (차분하게) "그건 네 기준이지, 내 채점표는 아니야. 내 인생 평가는 내가 할게."
- **예상 반격**: "아니, 진짜 너 생각해서 해 주는 말이잖아."
- **2차 방어**: (톤 낮추고 또렷하게) "생각해 주는 거랑 판단하는 건 달라. 판단은 안 받아."

▶ '다들 이렇게 산다'는 말로 압박할 때

- **상황**: "보통 사람들은 다 그렇게 해" "너만 유난이야"라며 다수 기준을 들이밀 때.

- **대사**: (고개 끄덕이며) "다수의 평균이 내 인생 설계도는 아니잖아. 나는 내 방식으로 갈게."
- **예상 반격**: "그래, 고집 세게 살아. 나중에 후회하지 말고."
- **2차 방어**: (정리하듯) "후회해도 내가 할게. 책임질 권리까지 포함해서 내 선택이니까."

세상에는 자기 인생 하나도 정답처럼 못 살면서, 남 인생에는 유난히 정답이 많은 사람들이 있습니다. 그들의 확신은 지혜가 아니라 불안에서 나온 소음인 경우가 많습니다. 당신의 인생은 객관식 시험이 아닙니다. 서술형도 아니고, 채점자도 없습니다.

당신이 쓰고, 당신이 책임지고, 당신이 평가합니다. "정답처럼 강요하지 마"라는 말은 싸우겠다는 선언이 아니라, 내 인생의 관할권을 되찾겠다는 선언입니다. 당신 인생의 답안지는 오직 당신 손에 있습니다.

"재미없으면 안 웃는다. 그게 그렇게 이상해?"

_ 분위기 유지용 소모품으로 살지 않는 법

세상에는 자기 말에 사람들이 웃어 줘야만 안심하는 사람들이 있습니다. 누군가를 깎아내리는 농담, 누군가를 곤란하게 만드는 농담을 던져 놓고는 당신이 웃지 않으면 이렇게 말하죠. "아, 분위기 좀 맞춰줘" 이 말의 진짜 뜻은 이겁니다. "네 감정보다 내 재미가 더 중요하다"

많은 사람들이 그 순간, 괜히 분위기 망치는 사람이 될까 봐 속으로 불쾌하면서도 표정을 조정합니다. 하지만 생각해 보면 이상합니다. 왜 남의 무례를 덮어 주기 위해 내가 감정을 편집

해야 할까요? 웃음은 예의가 아니라 자발적인 반응입니다. 억지로 짜낸 표정은 배려가 아니라 자기 소모에 가깝습니다.

심리적으로 이런 상황이 반복되면, 사람은 자기 감정을 느끼기보다 관리하는 데 에너지를 쓰는 사람이 됩니다. 그리고 어느 순간, 웃고 있는지 참고 있는지도 모르게 됩니다. 이 문장은 그 흐름을 멈추는 선언입니다. "나는 네 오락 담당이 아니다" "내 표정은 내가 결정한다"

▶ 사람을 낮추는 농담에 동조를 요구할 때

- **상황**: 외모, 연애, 집안 사정, 성격 등을 소재로 삼아 웃자고 던진 말을 당신에게도 같이 웃으라고 눈치 줄 때.
- **대사**: (표정 관리 안 하고) "그거 웃기라고 한 말이야? 나는 하나도 안 웃긴데."
- **예상 반격**: "와, 진짜 유머 감각 없다. 농담도 농담으로 못 받아들이네."
- **2차 방어**: (담담하게) "유머는 같이 웃을 때 유머지, 한쪽만 웃으면 그냥 무례야."

▶ 억지로 기분 좋아 보이길 요구할 때

- **상황**: "왜 이렇게 표정이 어두워?" "좀 웃어, 분위기 죽이네" 같은 말을 들을 때.

- **대사**: (차분하게) "내 표정은 내가 책임질게. 관리까지 받을 생각은 없어."
- **예상 반격**: "아, 좀 맞춰줘. 단체 분위기라는 게 있잖아."
- **2차 방어**: (정리하듯) "분위기는 다 같이 만드는 거지, 한 사람이 연출하는 게 아니야."

당신은 모임의 장식도 아니고, 누군가의 농담 완성도를 보정해 주는 웃음 인력도 아닙니다. 웃고 싶을 때 웃고, 안 웃기면 안 웃는 것. 이건 성격 문제가 아니라 자기 감정에 대한 주권입니다.

당신이 억지 표정을 거두는 순간, 사람들은 깨닫게 됩니다. "아, 이 사람은 아무 말에나 웃어 주는 사람이 아니구나" 그 인식 하나만으로도 당신이 대우받는 방식은 달라집니다. 당신의 감정은 분위기 유지용 소모품이 아닙니다.

“불편한 건 공기 탓이 아니라, 감정 통제하려는 너야”

_기분 관리까지 떠넘기는 관계에서 빠져나오는 법

세상에는 사람을 있는 그대로 두지 못하는 사람들이 있습니다. 조용히 있으면 “왜 기분 나빠 보여?”, 웃지 않으면 “분위기 좀 맞춰”, 피곤해 보이면 “텐션 왜 이래?”라고 말하죠. 이 말들의 공통점은 하나입니다. 당신의 상태를 존중할 생각은 없고, 자기 기분만 중요하다는 것이죠.

그들은 당신을 한 사람의 컨디션을 가진 인간이 아니라, 분위기 유지를 담당하는 기능처럼 대합니다. 하지만 당신은 모임의 배경음악도 아니고, 누군가의 기분을 관리해 주는 서비스 인력도 아닙니다. 감정은 연출물이 아니라 상태입니다. 그리고 상태는 조정 대상이 아니라 존중 대상입니다.

심리적으로 이런 요구는, 상대가 불편함을 느끼지 않기 위해 당신에게 표정과 태도를 대신 관리시키는 전가에 가깝습니다. 불편한 공기를 만든 원인은 상황일 수도, 그 사람 자신일 수도 있는데, 그 책임을 당신 얼굴에 뒤집어씌우는 것이죠. 이 문장은 그 책임을 원래 자리로 돌려놓는 말입니다. "내 감정은 내 관할, 네 기분은 네 관할"

▶ 조용히 있는 것만으로 눈치 줄 때

- **상황**: 피곤하거나 말하기 싫어서 가만히 있는데 "너 때문에 분위기 가라앉잖아" "표정 좀 풀어"라고 할 때.
- **대사**: (담담하게) "내가 조용한 게 문제라기보다, 그걸 문제 삼는 게 더 이상한 거 아니야?"
- **예상 반격**: "아니, 그냥 다 같이 좀 즐겁게 있자는 거잖아."
- **2차 방어**: (차분히 선 긋기) "즐거움은 권유지 의무는 아니야. 나는 지금 이 상태로 있는 게 편해."

▶ 동정이나 평가로 기분을 건드릴 때

- **상황**: "그렇게 살아서 언제 자리 잡아?" "힘들겠다, 안 됐다" 같은 말을 던질 때.

- **대사**: (시선 고정하고) "내 인생을 네 기준으로 불쌍해하지 마. 나는 내가 생각하는 방향으로 잘 가고 있어."
- **예상 반격**: "아니, 그냥 걱정돼서 하는 말인데 왜 그렇게 신경질적이야?"
- **2차 방어**: (정리하듯) "걱정이 아니라 평가로 들려. 평가는 안 받을게."

사람들은 종종 자기 불편함을 견디기 싫어서, 남의 표정을 고치려 듭니다. 하지만 그건 배려가 아니라 통제입니다. 당신은 항상 밝아야 할 의무도 없고, 항상 설명해야 할 책임도 없습니다. 조용히 있을 자유, 웃지 않을 자유, 기운 없을 자유도 모두 정상적인 인간의 권리입니다. '분위기 관리'는 한 사람의 역할이 아닙니다. 그리고 무엇보다, 당신의 감정은 공공재가 아닙니다.

42

“나를 함부로 대하는 관계에는 더 이상 투자 안 해”

_ 인생의 에너지 누수를 막는 인간관계 정리 선언

가끔 그런 사람들이 있습니다. 만나고 나면 기분이 나아지는 게 아니라 괜히 더 지치는 사람. 당신의 이야기는 잘 안 듣고, 자기 얘기만 늘어놓거나, 필요할 때만 연락하고, 성과에는 시큰둥하거나 은근히 깎아내리는 사람들. 이런 관계의 공통점은 하나입니다. 당신을 ‘사람’이 아니라 ‘자원’처럼 쓴다는 것.

당신의 친절은 그들에게 배려가 아니라 사용 가능한 편의 기능이 되고, 당신의 시간은 존중이 아니라 공짜로 써도 되는 소모품이 됩니다. 많은 사람들이 여기서 버티는 이유는 단 하나입니다. "내가 너무 예민한 건 아닐까?" "관계를 끊는 내가 너무 냉정한 건 아닐까?" 하지만 냉정하게 말하면, 존중 없는 관계를 유지하는 건 관용이 아니라 자기 방치입니다.

관계는 감정만으로 유지하는 게 아니라, 대우의 질로 유지하는 것입니다. 심리적으로도, 나를 깎아먹는 관계에 쓰는 에너지는 아무 성과도 남기지 못하는 손실에 가깝습니다. 그 에너지를 회수하는 순간, 당신은 비로소 자기 인생의 예산을 정상적으로 쓰기 시작합니다. 이 문장은 이렇게 말하는 선언입니다. "나는 더 이상 나를 소모하는 곳에 투자하지 않겠다."

▶ 필요할 때만 연락하고, 기본적인 예의도 없는 사람과 거리를 둘 때

- **상황**: 부탁할 때만 연락하고, 만나면 은근히 무시하거나 당신을 당연하게 쓰는 태도가 반복될 때.
- **대사**: (차분하게) "나를 존중하지 않는 관계에는 더 이상 시간 안 쓸게. 여기까지 하자."
- **예상 반격**: "와, 사람 진짜 차갑다. 네가 그렇게 속 좁은 줄 몰랐다."
- **2차 방어**: (담담하게 정리) "차가운 게 아니라 기준이 생긴 거야. 존중 없는 관계는 정리하는 게 맞아."

▶ **상대의 편의만 당연하게 요구할 때**

- **상황**: 당신 일정은 묻지도 않고 자기 스케줄에 맞추길 요구하거나 도움은 권리처럼, 배려는 선택처럼 행동할 때.
- **대사**: (단호하게) "내 시간은 내 인생이야. 나를 배려하지 않는 사람한테는 못 써."
- **예상 반격**: "친구끼리 이 정도도 못 해줘? 진짜 정 없다."
- **2차 방어**: (정리하듯) "배려는 서로 하는 거지, 한쪽만 하는 건 이용이야. 난 이용 안 당할게."

관계를 정리하는 건 실패가 아닙니다. 정비입니다. 불필요한 앱을 지워야 폰이 빨라지듯, 불필요한 관계를 정리해야 삶이 가벼워집니다. 당신의 시간, 감정, 에너지는 아무한테나 써도 되는 공공재가 아닙니다. 당신을 존중하는 사람에게 쓰기에도 인생은 충분히 짧습니다. 나를 소모시키는 관계를 끊는 순간, 당신의 인생은 비로소 숨을 쉬기 시작합니다.

비난 앞에서 핵심은 감정의 주권입니다: “내가 느낀 건 사실, 네 평가 불가.” 싸움이 격해지면 중단이 성숙입니다: 멈춤은 도망이 아니라 관계를 지키는 제동입니다. 분노는 이해해도 무례(고함·위협)는 허용 불가 — 톤과 행동의 규칙을 다시 세웁니다. 인격 공격을 사건·문제 중심으로 환원하고, 말 많은 회피를 ‘그래서 책임은 누가?’로 끌어옵니다. 결론은 하나, 남의 독설이 내 하루를 점령하지 못하게 평화를 내 손으로 관리합니다.

7장

“비난은 당신 사정이고, 내 평화는 내가 지킵니다”

✦

비난 앞에서도 차갑고 우아하게

"내가 느끼는 건 내가 정해. 해석은 네 몫이 아니야"

_ 감정의 주권을 되찾는 단호한 경계 선언

당신이 속상하다고 말했을 때, 누군가는 이렇게 말합니다. "그 정도로 왜 그래?" "너무 예민한 거 아니야?" "그건 기분 나쁠 일도 아니잖아" 이 말들의 공통점은 하나입니다. 당신의 감정을 '설명 대상'이나 '채점 대상'으로 만들어버린다는 것. 하지만 감정은 설득으로 바뀌는 게 아닙니다. 논리로 조정되는 수치도 아닙니다. 느껴졌다면, 이미 발생한 사건입니다.

아픔은 설명으로 사라지지 않고, 불쾌함은 토론으로 무효화되지 않습니다. 그런데도 많은 사람들은 자기 기준을 들이밀며 말합니다. “그건 네가 과민한 거야” “그건 네가 이상한 거야” 이건 위로가 아닙니다. 감정에 대한 통제 시도입니다.

심리적으로도, 이런 식의 반복적인 감정 부정은 사람을 점점 자기 감정부터 의심하는 상태로 몰아넣습니다. “내가 이상한가?” “내가 과한가?” 그러다 결국 자기 느낌을 스스로 검열하는 사람이 됩니다. 이 문장은 그 흐름을 끊는 선언입니다. “내 감정은 설명 대상이 아니라 존중 대상이다”

▶ 서운함이나 불쾌함을 “유난”으로 몰아갈 때

- **상황**: 내가 상처받았다고 말했는데, “그게 왜 그렇게까지 기분 나빠?” “너 요즘 예민한 거 아니야?”라는 반응이 돌아올 때.
- **대사**: (단호하게) “나는 충분히 기분 나빴어. 그걸 네 기준으로 평가하지 마.”
- **예상 반격**: “아니, 난 네가 좀 편해지라고 한 말이지. 너무 민감하게 받아들이는 거 아냐?”
- **2차 방어**: (차분하지만 선 긋듯) “편해지게 하려면 내 감정을 고치려고 하지 말고, 그냥 인정해 주면 돼.”

▶ 정당한 분노를 “과민 반응” 취급할 때

- **상황**: 상대가 약속을 어기거나 선을 넘은 뒤, 내가 화를 내자 “그 정도로 화낼 일이야?”라고 되레 몰아붙일 때.

- **대사**: (낮게 또렷하게) "네 행동 때문에 화가 난 거야. 이 감정은 정당해. 축소하지 마."
- **예상 반격**: "와, 진짜 피곤하다. 이렇게까지 예민하면 누가 버티겠어."
- **2차 방어**: (선을 그으며) "피곤한 건 내 감정을 무시하는 네 태도야. 변명 말고 사과부터 해."

당신의 감정은 토론 주제가 아닙니다. 당신의 감정은 증명해야 할 주장도 아닙니다. 그건 그냥 당신에게 일어난 일입니다. 누군가 당신의 감정을 "그건 틀렸다"고 말하려 들 때, 이렇게 말해도 됩니다. "내가 느낀 건 사실이야. 네 해석은 필요 없어" 당신의 감정은 조정 대상이 아니라 보호 대상입니다. 그리고 당신이 그걸 지키기 시작하는 순간, 사람들은 더 이상 당신의 마음 위에 함부로 발을 올리지 못하게 됩니다.

“이 상태로는 대화가 안 돼. 잠깐 멈추자”

_ 싸움을 끝내기 위한 가장 성숙한 중단 선언

싸움이 격해지는 순간, 대화는 목적을 잃습니다. 문제를 해결하자는 말은 사라지고, 누가 더 아프게 찌르느냐만 남습니다. 처음엔 설명하려고 시작했는데, 어느 순간부터는 이기기 위한 말, 상처 주기 위한 말만 튀어나옵니다. 이 상태에서 계속 말하는 건 해결이 아니라 관계에 금이 가는 속도를 더 높이는 일입니다.

감정이 끓어오른 상태의 대화는, 아무리 맞는 말을 해도 전부 공격으로 번역되는 상태입니다. 그래서 이때 필요한 건 설득이 아니라 브레이크입니다. 지금은 말할수록 더 망가지는 구간이라는 걸 먼저 인정하는 용기. 잠깐 멈추는 건 도망이 아닙니다. 더 크게 망치지 않기 위한 제동입니다.

심리적으로도, 사람이 격앙된 상태에서는 상대의 말이 내용이 아니라 위협으로 들립니다. 이때 대화를 계속하면, 문제는 해결되지 않고 상처만 더해집니다.

▶ 말이 점점 거칠어지고 인신공격이 나오기 시작할 때

- **상황**: 상대가 소리를 높이거나, 과거 얘기를 끄집어내며 공격 모드로 들어간 상태.
- **대사**: (호흡 고르고) "지금 우리 둘 다 감정이 너무 올라왔어. 이 상태로는 얘기가 안 돼. 잠깐 멈추자."
- **예상 반격**: "또 도망치네? 할 말 없으니까 피하는 거지?"
- **2차 방어**: (차분하지만 단호하게) "도망이 아니라 중단이야. 이 상태로 말하면 서로 더 큰 말만 남겨."

▶ 억지 논리, 몰아붙이기, 감정 폭발이 동시에 올 때

- **상황**: 상대가 말을 끊고 몰아세우고, 당신도 폭발할 것 같은 상태.
- **대사**: (자리를 정리하며) "나 지금 더 말하면 후회할 말 할 것 같아. 잠깐 쉬고 다시 얘기하자."
- **예상 반격**: "맨날 이런 식이야. 불리하면 대화 중단."

• **2차 방어:** (선을 긋듯) "불리해서가 아니라 망치기 싫어서야. 상처 주는 말, 안 남기려고 멈추는 거야."

모든 싸움에서 이길 필요는 없습니다. 지금 멈추지 않으면, 당장은 속이 시원할 수는 있어도 나중에 되돌릴 수 없는 말이 남습니다. 잠깐 멈추는 사람은 약한 사람이 아닙니다. 관계를 통제할 줄 아는 사람입니다. 감정을 못 참는 게 문제가 아니라, 감정에 끌려가면서도 멈출 줄 모르는 게 문제입니다. 대화를 멈출 줄 아는 사람이 결국 관계를 지킬 줄 아는 사람입니다. 그리고 그 멈춤은, 패배가 아니라 관리입니다.

"화난 건 이해하는데, 나한테 소리칠 자격은 없어"

_ 분노와 무례를 분리하는 어른의 선 긋기

사람은 누구나 화를 냅니다. 문제는 화 자체가 아니라, 화를 다루는 방식입니다. 말이 안 통하기 시작하면 어떤 사람들은 목소리부터 키웁니다. 탁자부터 치고, 숨부터 거칠어지고, 상대를 논리로 설득하지 못하면 소리로 눌러버리려 합니다. 그 순간 대화는 끝납니다. 그건 토론이 아니라 제압이고, 소통이 아니라 위력 시위입니다.

많은 사람들은 이 분위기에 얼어붙습니다. 괜히 더 자극했다가 일이 커질까 봐, 혹은 그냥 빨리 끝내고 싶어서 자기 말과 존엄을 같이 접어버립니다. 하지만 분명히 해야 할 게 있습니다. 상대가 화가 났다는 사실이 당신을 함부로 대해도 된다는 면허증은 아닙니다.

화는 감정이고, 소리 지르기와 위협은 행동입니다. 감정은 이해할 수 있어도, 무례한 행동은 허용할 필요가 없습니다. 이 문장은 말합니다. "화는 내도 되는데, 나를 향한 폭력적인 방식은 안 된다"

▶ 대화하다가 갑자기 목소리를 높이며 윽박지를 때

- **상황**: 상대가 톤을 올리며 몰아붙이고, 당신을 위에서 내려다보듯 말하기 시작할 때.
- **대사**: (눈을 마주치고 또박또박) "화난 건 알겠어. 근데 나한테 소리 지르면서 말하면, 난 이 대화 안 해."
- **예상 반격**: "지금 내가 소리 안 지르게 생겼어? 네가 그따위로 나오니까 그렇지!"
- **2차 방어**: (차분하게) "그럼 진정하고 와. 이 상태로는 아무 얘기도 안 돼."

▶ 흥분해서 물건을 치거나 위협적인 몸짓을 할 때

- **상황**: 상대가 의자를 밀치거나, 탁자를 치거나, 압박할 때.
- **대사**: (한 걸음 거리 두며) "지금 분위기 너무 거칠어. 이렇게 말

하면 난 불안하고, 대화 못 해."

- **예상 반격**: "뭐가 불안해? 내가 때리기라도 했어?"
- **2차 방어**: (선 긋듯) "소리 크고 동작 거친 것만으로도 충분히 위협적이야. 이러면 난 여기까지야."

소리 지르는 사람의 목적은 대개 하나입니다. 이기는 것. 눌러버리는 것. 상대를 위축시키는 것. 그 게임에 같이 올라타면, 당신도 같은 수준의 싸움판에 들어가는 겁니다. 가장 강한 태도는 맞소리치는 게 아니라 규칙을 다시 세우는 것입니다. "이 방식으로는 대화 안 한다" 이 한마디가, 상대의 폭주를 가장 효과적으로 멈추게 합니다. 침착한 사람이 약한 사람이 아닙니다. 침착한 사람이 판을 통제하는 사람입니다.

당신은 누군가의 분노 연습장이 아닙니다. 존중 없는 톤에는 대화할 의무도 없습니다. 그리고 이걸 분명히 말할 수 있는 사람은, 이미 만만한 위치에 있지 않습니다.

"평가는 그만하고, 지금 무슨 일이 있었는지만 말해"

_ 사람을 공격하는 말에서 문제만 분리해내는 기술

싸우다 보면 대화는 자주 이렇게 변질됩니다. "너는 항상 그래" "네 성격이 원래 문제야" "그러니까 네가 이 모양이지" 어느 순간부터 얘기는 사건이 아니라 사람을 재판하기 시작합니다. 이렇게 되면 해결은 멀어지고, 남는 건 기분 상한 사람 둘과 더 커진 감정의 잔해뿐입니다.

사람을 때리는 말은 시원할 수는 있어도, 아무 문제도 고치지 않습니다. 그리고 중요한 사실 하나, 인격에 대한 평가는 증명도, 수정도 불가능한 영역입니다. "너는 원래 이기적이야"라는 말에 어떻게 답해야 할까요? 반박해도 싸움, 인정해도 싸움입니다. 그래서 판을 바꿔야 합니다. 사람 얘기 말고, 사건 얘기로 돌리는 것. 이 문장은 말합니다. "나를 평가하지 말고, 지금 고쳐야 할 일만 말해"

▶ 작은 실수를 인격 문제로 확대할 때

- **상황**: 일 하나 삐끗한 걸 두고 "너는 태도가 문제야" "넌 기본이 안 돼" 같은 말을 쏟아낼 때.
- **대사**: (차분하게) "내 성격 얘기는 빼고, 지금 뭐가 잘못되었는지만 말해 줘."
- **예상 반격**: "봐라, 또 말 돌린다. 네가 문제인 건 맞잖아!"
- **2차 방어**: (톤 유지하며) "문제 고치려고 묻는 거야. 사람 말고 상황만 얘기하자."

▶ 비꼬거나 조롱으로 논점을 흐릴 때

- **상황**: "잘난 척하더니 결국 이 꼴이네" 같은 말로 상대방의 자존심을 먼저 건드릴 때.
- **대사**: (표정 바꾸지 않고) "비꼼 말고, 확인해야 할 일만 말해 줘. 내가 뭘 바로잡으면 돼?"
- **예상 반격**: "진짜 감정 없는 사람 같다. 기계랑 말하는 기분이네."
- **2차 방어**: (짧게) "감정 싸움 안 하려고 그래. 일 얘기만 하자."

사람을 공격하면 대화는 싸움이 되고, 사건을 이야기하면 대화는 해결이 됩니다. 해결하고 싶은 사람은 "누가 문제냐"를 묻지 않고, "뭐가 문제냐"를 묻습니다. 상대가 계속 인격 얘기로 끌고 가려 한다면, 그건 문제를 고치고 싶은 게 아니라 기분을 풀고 싶은 것일 가능성이 큽니다. 그 싸움에 같이 들어갈 필요는 없습니다.

사람을 방어하느라 에너지 쓰지 말고, 문제를 처리하는 데만 쓰세요. 당신이 계속 "사실만 말해 달라"고 요구하는 순간, 상대의 공격은 갈 곳을 잃습니다. 그리고 그때부터 이 대화의 중심은 감정이 아니라 당신이 됩니다.

“그런 말에 내 하루를 망치고 싶진 않아”

_ 남의 독설을 내 마음에 들이지 않는 연습

어떤 말은 한 번 들었을 뿐인데, 머릿속에서 계속 재생됩니다. 이미 끝난 대화인데, 혼자 다시 곱씹고, 다시 화나고, 다시 상처받습니다. 상대는 이미 잊었는데, 그 말은 내 하루를 점령합니다. 이게 가장 억울한 구조입니다. 상처 준 사람은 멀쩡한데, 상처받은 사람만 계속 손해 보는 상태. 하지만 분명히 구분해야 할 게 있습니다.

거친 말은 그 사람의 상태를 보여주는 것이지, 당신의 가치를 설명하는 문장이 아닙니다. 기분 나쁜 말을 하는 사람은 대개 자기 안이 이미 어수선한 상태입니다. 그 혼란을 밖으로 던질 뿐이죠. 문제는 그걸 내 마음 안으로 받아서 대신 처리해주는 순간입니다. 상대의 쓰레기를 내 집 거실에 들여다 놓고 혼자 치우고 있는 셈입니다. 이 문장은 이렇게 말합니다. "그건 네 상태고, 내 하루까지 망칠 이유는 없어"

▶ 날 선 말, 비꼼, 공격적인 말을 던질 때

- **상황**: 상대가 감정을 풀 곳을 찾듯이 당신에게 쏘아붙이는 식으로 말할 때.
- **대사**: (담담하게) "그런 말에 내 기분 쓰고 싶지 않아. 그 얘기는 여기까지 하자."
- **예상 반격**: "뭐? 지금 무시하는 거야? 네가 뭔데 선택해?"
- **2차 방어**: (차분히) "무시가 아니라 받아들이지 않겠다는 거야. 그 차이야."

▶ 자기 기분이 나쁘다고 말투를 거칠게 할 때

- **상황**: 상대가 짜증난 상태로 툭툭 던지는 말에 당신만 계속 긁힐 때.
- **대사**: (선을 긋듯) "네 기분 안 좋은 거, 나한테 던지지 마. 난 오늘 평화롭게 지낼 거야."
- **예상 반격**: "와, 진짜 이기적이다. 사람 참 정 떨어지게 만든다."
- **2차 방어**: (짧게) "이기적인 게 아니라, 내 상태를 지키는 거야."

세상에는 아무 말이나 던지고 사는 사람들이 있습니다. 그리고 그 말들을 다 받아내며 사는 사람들도 있습니다. 하지만 기억하세요. 아무 말이나 던질 자유가 있듯, 아무 말이나 안 받아낼 자유도 있습니다.

상대의 말은 당신 마음에 입장권이 없습니다. 허락하지 않으면, 그 말들은 그냥 소음입니다. 내 하루의 컨디션을 남의 혀에 맡기지 마세요. 당신의 마음은 아무 사람이나 드나드는 로비가 아니라, 허락받은 것만 들어오는 집이어야 합니다. 그리고 오늘, 그 문을 닫을 권리는 당신에게 있습니다.

"내가 화났다는 사실이, 내 말이 틀렸다는 증거는 아니야"

_ 감정과 판단을 일부러 섞어 무력화시키는 수법에 대처하는 법

논쟁을 하다 보면 꼭 이런 순간이 옵니다. 목소리가 조금 올라가거나, 표정이 굳거나, 눈가가 붉어지면 상대는 갑자기 이렇게 말합니다. "봐, 지금 감정적이잖아. 그러니까 네 말은 신뢰가 안 가" 순간 많은 사람들이 스스로 입을 닫습니다. '이성적이지 못해 보일까 봐' '내가 진 것처럼 보일까 봐' 하지만 여기엔 아주 교묘한 속임수가 들어 있습니다.

'감정이 있다는 것 = 판단이 틀렸다는 것', 이 공식은 어디에도 없습니다. 사람은 화가 나면서도, 슬프면서도, 충분히 정확

하게 생각할 수 있습니다. 오히려 감정이 생겼다는 건 문제가 실제로 존재한다는 신호일 때가 더 많습니다. 이 문장은 판을 이렇게 다시 짭니다. "내 상태는 내 상태고, 네가 한 일은 네가 한 일이다"

▶ 흥분했다는 이유로 요지를 무시하려 할 때

- **상황**: 상대의 행동을 지적했더니 "너 지금 감정 올라왔잖아. 이성적으로 말해"라며 본론을 피하려 할 때.
- **대사**: (또박또박) "내가 기분 상한 거랑, 네가 한 행동이 맞는지 틀린지는 다른 문제야. 내가 지적한 내용부터 얘기하자."
- **예상 반격**: "지금 말투 봐. 완전 공격적이잖아. 그 상태로는 대화가 안 돼."
- **2차 방어**: (차분하게) "공격적인 게 아니라 정확한 거야. 감정 얘기 말고, 내가 말한 내용에 답해."

▶ 눈물이나 떨리는 목소리를 이유로 얕잡아볼 때

- **상황**: 너무 억울해서 울컥한 상태로 말하자 "울면서 무슨 논리야"라고 깎아내릴 때.
- **대사**: (숨 고르고) "내가 울고 있다는 게, 내 말이 틀렸다는 뜻은 아니야. 내용이 틀렸으면 그걸로 반박해."
- **예상 반격**: "이성을 잃은 상태잖아. 지금은 말이 안 통한다."

• **2차 방어**: (단호하게) "이성을 잃은 게 아니라 화가 난 거야. 화나 있으면서도 생각은 할 수 있어. 논점 흐리지 마."

감정은 증거를 지우지 않습니다. 화가 났다고 해서, 슬프다고 해서, 억울하다고 해서 사실이 갑자기 거짓이 되지는 않습니다. 감정을 문제 삼는 사람은 종종 내용으로는 반박할 수 없을 때 상태를 공격합니다. 말이 아니라, 말하는 사람의 표정을 공격하는 것. 그건 토론이 아니라 회피입니다.

당신은 이렇게 말할 수 있습니다. "내 감정은 내 감정이고, 이 얘기는 이 얘기야." 그리고 다시 사건으로 대화를 끌고 오면 됩니다. 사람은 기계가 아닙니다. 느끼면서도 생각할 수 있고, 아프면서도 정확할 수 있습니다. 감정이 있다는 건 약점이 아니라, 당신이 지금 진짜로 이 문제를 마주하고 있다는 증거일 뿐입니다. 그걸 약점처럼 쓰게 두지 마세요. 논리는 감정 위에서도 충분히 작동합니다.

“설명은 됐고, 그래서 책임은 누가 어떻게 집니까?”

_ 말 많은 회피를 ‘결정의 자리’로 끌어내리는 질문

문제가 터지면 꼭 이런 사람이 나옵니다. 말이 갑자기 길어지고, 배경 설명이 과하게 늘어나고, 등장인물이 계속 추가됩니다. “그때 상황이 좀 애매했고요, 사실 그 전에 다른 팀에서도… 그리고 원래 그 프로세스가 예전부터…” 이렇게 말이 길어질수록, 정작 중요한 건 점점 사라집니다. 그래서 누가, 무엇을, 언제까지, 어떻게 할 건데?

상대가 장황해지는 이유는 단순합니다. 결정의 자리로 가고 싶지 않기 때문입니다. 설명 속에 숨어서 책임을 희석시키려는 거죠. 이 문장은 대화를 이렇게 강제로 되돌립니다. "이야기는 그만하고, 이제 처리에 대해 논의해보죠"

▶ 핑계와 배경 설명만 늘어놓을 때

- **상황**: 문제의 원인을 지적했더니 시스템, 구조, 관행, 전임자 이야기만 늘어놓을 때.
- **대사**: (조용히 끊으며) "사정은 알겠고요. 그래서 이거, 누가 언제까지 어떻게 정리하나요?"
- **예상 반격**: "아니, 상황 설명도 중요하잖아요. 왜 이렇게 성급해요?"
- **2차 방어**: (담담하게) "설명은 보고서로 주셔도 됩니다. 지금 필요한 건 해결 계획이에요."

▶ 비꼬거나 농담 섞어 논점을 흐릴 때

- **상황**: 자기 책임을 인정하기 싫어서 농담, 남 탓, 엉뚱한 얘기로 시간을 끌 때.
- **대사**: (표정 안 바꾸고) "지금 농담할 상황은 아니고요. 그래서 이거 처리할 겁니까, 말 겁니까?"
- **예상 반격**: "왜 이렇게 딱딱해? 분위기 좀 풀자는 거지."
- **2차 방어**: (짧게) "분위기보다 결과가 필요합니다. 할 건지, 못 할 건지만 말해 주세요."

설명이 길어질수록 책임은 흐려집니다. 유능한 사람은 문제가 생기면 설명부터 하지 않고 대안부터 말합니다. 무능하거나 회피하는 사람은 대신 사정부터 늘어놓습니다. 당신은 이렇게 질문을 할 수 있어야 합니다. "그래서 결론이 뭔가요?" "그래서 다음 단계는 누가 합니까?" 이 질문은 무례한 게 아닙니다. 일을 일로 되돌리는 가장 기본적인 태도입니다.

말 많은 사람은 종종 이렇게 착각합니다. 많이 말하면, 뭔가 하고 있는 것처럼 보일 거라고. 하지만 현실은 반대입니다. 결정이 없는 말은, 그냥 소음입니다. 당신은 소음을 정리하고 대화를 다시 행동의 자리로 끌고 오면 됩니다. "설명은 충분히 들었습니다. 이제 수습에 대해 얘기하죠" 이 한마디가 책임을 피하려던 대화를 책임을 묻는 자리로 바꿔놓습니다. 그리고 그 순간, 횡설수설은 힘을 잃습니다.

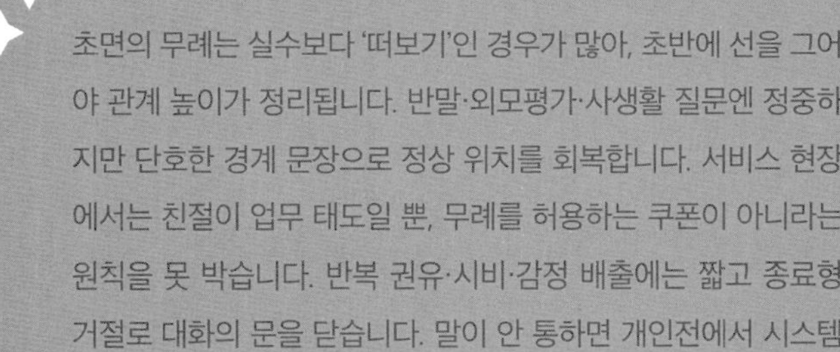

초면의 무례는 실수보다 '떠보기'인 경우가 많아, 초반에 선을 그어야 관계 높이가 정리됩니다. 반말·외모평가·사생활 질문엔 정중하지만 단호한 경계 문장으로 정상 위치를 회복합니다. 서비스 현장에서는 친절이 업무 태도일 뿐, 무례를 허용하는 쿠폰이 아니라는 원칙을 못 박습니다. 반복 권유·시비·감정 배출에는 짧고 종료형 거절로 대화의 문을 닫습니다. 말이 안 통하면 개인전에서 시스템전(담당자·규정·공식 절차)으로 전환해 소모를 끊습니다.

8장

"친절해도 만만한 건 아닙니다"

✦

무례는 이해의 대상이 아닙니다

“저희 처음 보는 사이죠? 지금 말씀, 선 넘으셨어요”

_ 낯선 사람의 무례를 '어색함'으로 덮어두지 않는 법

이상하게도 처음 보는 사람 앞에서는 사람들이 유난히 참을성이 많아집니다. 반말을 들어도, 외모 평가를 들어도, 사적인 질문을 던져도 속으로는 불쾌하면서도 이렇게 생각합니다. “괜히 문제 만들지 말자” “그냥 지나가면 끝이겠지” 하지만 문제는, 그 침묵이 상대에게는 허락으로 번역된다는 것입니다. '아, 이 사람은 이 정도는 그냥 넘기는구나.' 그리고 그 순간, 관계의 높낮이는 이미 결정됩니다.

초면에 무례한 사람은 대개 실수하는 게 아닙니다. 어디까

지 해도 되는지 떠보고 있는 겁니다. 이럴 때 가장 효과적인 대응은 화를 내는 것도, 설교하는 것도 아닙니다.

▶ 처음 본 사람이 반말·외모 평가·사생활에 대한 질문을 던질 때

- **상황**: 길거리나 대중교통에서 모르는 사람이 "요즘 젊은 사람들은 왜 그렇게 입어?" 같은 말을 툭 던질 때.
- **대사**: (고개 돌려 보며) "저희 처음 보는 사이잖아요. 그런 말씀은 좀 실례인 것 같네요."
- **예상 반격**: "아, 그냥 하는 말이지. 요즘 애들은 왜 이렇게들 예민해?"
- **2차 방어**: (차분하게) "예민한 게 아니라, 무례한 거예요. 모르는 사람한테 그런 말 안 하시는 게 좋겠어요."

▶ 서비스 현장에서 사람을 깔보듯 말할 때

- **상황**: 고객이 "이름이 뭐야?" "교육을 어떻게 받았길래 이 모양이야?"라며 인격을 건드릴 때.
- **대사**: (목소리 낮추고 또렷하게) "요청하실 건 말씀해 주세요. 인격적인 표현은 응대하기 어렵습니다."
- **예상 반격**: "내가 손님인데 이 정도도 말 못 해?"
- **2차 방어**: (한 박자 쉬고) "손님이셔도 지켜야 할 선은 있습니다. 그 선을 넘는 말씀은 대응하지 않겠습니다."

무례한 사람은 정중한 사람만 고릅니다. 왜냐하면 정중한 사람은 참아줄 가능성이 높기 때문입니다. 그러니 처음 만난 사람의 무례 앞에서 당신이 해야 할 일은 단 하나입니다. '이건 정상적인 대화가 아니다'라는 표식을 붙이는 것입니다. "지금 말씀, 좀 당황스럽네요" "그건 실례인 것 같아요" "저희 그런 얘기를 나눌 사이가 아닌데요" 이 문장들은 싸우자는 말이 아닙니다. 관계를 정상 위치로 되돌리는 안전벨트입니다.

기억하세요. 당신은 예의 바르려고 온 거지, 만만하게 굴어도 되는 사람이 되려고 온 게 아닙니다. 초면의 무례를 초반에 정리하면 그 사람은 두 가지 중 하나를 합니다. 태도를 고치거나, 알아서 멀어지거나 어느 쪽이든, 당신 인생은 훨씬 깔끔해집니다.

“제가 친절한 건 일이라서 그런 거지, 함부로 대해도 된다는 뜻은 아닙니다”

_ 미소를 약점으로 착각하는 사람들에게 선을 긋는 법

당신이 웃으며 응대하는 이유는 성격이 착해서가 아니라, 그게 당신의 업무 방식이기 때문입니다. 하지만 어떤 사람들은 그 미소를 '만만함'으로 번역합니다. 말투는 점점 내려앉고, 요구는 점점 커지고, 마침내는 사람을 대하듯이 하지 않고 서비스 기능처럼 취급합니다. 친절은 업무 태도이지, 인격의 할인 쿠폰이 아닙니다. 당신이 공손하다고 해서, 상대가 무례해질 권리를 얻는 것은 아닙니다.

서비스 직무에 있는 사람들은 늘 역할과 인격을 동시에 공격받기 쉽습니다. 상대는 '돈 내는 쪽'이라는 위치를 이용해, 당신의 직업적 태도 위에 개인적 우위를 얹으려 합니다. 이 문장은 "나는 일을 하고 있는 것이지, 참는 연습을 하고 있는 게 아니다"라는 경계 선언입니다. 친절은 제공할 수 있지만, 존엄까지 제공하는 계약은 아니라는 사실을 분명히 하는 말입니다.

▶ 친절하게 응대했더니 말을 놓고 선을 넘을 때

- **상황**: 웃으며 안내해 줬다는 이유로 반말을 하거나, 외모나 태도를 평가하며 요구가 점점 과해질 때.
- **대사**: (표정 관리만 하고 톤을 낮추며) "고객님, 제가 정중하게 응대하는 건 업무라서 그렇습니다. 말씀 편하게 하셔도 되는 관계는 아닙니다."
- **예상 반격**: "아니, 말 한마디 가지고 왜 이렇게 예민해요? 서비스하는 사람이."
- **2차 방어**: (차분하게) "서비스는 업무 범위 안에서 제공하는 거고, 무례한 태도까지 포함되지는 않습니다. 정중하게 말씀해 주세요."

▶ 규정 밖 요구를 당연한 것처럼 밀어붙일 때

- **상황**: "이번만 그냥 해줘요" "다른 데서는 해 주던데"라며 원칙을 깨라고 압박할 때.

- **대사**: (미소를 거두고 사무적으로) "규정에 없는 요청은 처리해 드릴 수 없습니다. 제 재량으로 되는 문제가 아니에요."
- **예상 반격**: "아, 진짜 융통성 없네. 그냥 해 주면 되지."
- **2차 방어**: (단호하게) "융통성은 규정 안에서 쓰는 겁니다. 규정 밖 요구는 거절하는 게 제 일입니다."

당신의 친절은 전문성의 표현이지 약자의 신호가 아닙니다. 미소를 지었다고 해서 존중까지 할인해 주는 건 아닙니다. 선을 긋는 순간 상대는 불편해할 수 있지만, 그 불편함은 당연히 지켜졌어야 할 질서가 회복되는 소리일 뿐입니다. 친절을 유지하되, 함부로 대하는 순간에는 즉시 회수하십시오. 당신의 품격은 '잘 참는 것'이 아니라, 어디까지가 일이고 어디부터가 무례인지를 정확히 구분하는 태도에서 완성됩니다.

“초면에 말 놓지 마세요. 기본 예의부터 지키시죠”

_ 처음 보는 사이의 반말은 친근함이 아니라 경계 침범이다

길에서, 가게에서, 혹은 업무 현장에서 처음 본 사람이 아무렇지 않게 말을 놓는 순간이 있습니다. “이거 줘” “야, 이리 와” 같은 말투는 편함의 표현이 아니라, 상대를 아래로 두겠다는 선언에 가깝습니다. 말투는 생각보다 많은 것을 드러냅니다. 처음부터 반말을 쓴다는 건, 당신을 동등한 사람으로 대할 생각이 없다는 뜻입니다. 관계는 아직 시작도 안 했는데, 서열부터 만들겠다는 태도인 셈입니다.

이런 행동은 대개 힘의 방향을 가늠해 보고 선택적으로 나

옵니다. 만만해 보이면 반말, 만만해 보이지 않으면 존댓말. 이것은 성격 문제가 아니라 태도의 문제입니다. 이때 똑같이 무례로 맞받아치면 싸움이 되지만, 차분하게 선을 긋는 순간 상대는 "아, 내가 선을 넘었구나"라는 걸 공개적으로 자각하게 됩니다. 이 문장은 상대를 혼내는 말이 아니라, 관계를 바로 세우는 기준 선언입니다.

▶ 식당이나 공공장소에서 처음 보는 사람이 반말을 할 때

- **상황**: 주문이나 부탁을 하면서 "야, 이거 갖다 줘" "너, 여기 좀 치워" 같은 식으로 말을 던질 때.
- **대사**: (표정 굳히지 않고 또렷하게) "저희 초면이신데요. 그렇게 말씀하시면 안 됩니다. 존댓말로 말씀해 주세요."
- **예상 반격**: "말 좀 편하게 하면 어때? 나이도 내가 더 많은데."
- **2차 방어**: (톤 낮추고 단호하게) "나이랑 상관없이 처음 보는 사람한테는 예의 지키는 게 기본입니다. 그렇게 안 하시면 응대하기 어렵습니다."

▶ 업무 관계에서 거래처나 타 부서 사람이 말을 놓을 때

- **상황**: 협업이나 요청을 하면서 "이거 빨리 해" "너 이거 언제 끝내?" 같은 식으로 지시하듯 말할 때.
- **대사**: (하던 일 멈추고 정중하게) "저희는 업무로 만난 사이입니

다. 존댓말로 말씀해 주셔야 소통이 됩니다."

- **예상 반격**: "아, 너무 딱딱하다. 사회생활 원래 이런 거 아니야?"
- **2차 방어**: (차분하게) "사회생활의 기본이 존중이죠. 말투부터 정리해 주시면 저도 업무 협조하겠습니다."

반말은 거리감을 줄이는 언어가 아니라, 상대를 아래에 두는 언어입니다. 그걸 허용하는 순간, 당신의 자리는 자연스럽게 한 칸 내려갑니다. "말 놓지 마세요"라는 한마디는 싸움을 거는 말이 아니라, 관계를 정상 높이로 되돌리는 말입니다. 예의를 지키지 않는 사람에게까지 당신의 품격을 헐값에 내주지 마십시오. 당신이 요구하는 대우의 수준이, 곧 당신이 서 있는 자리의 높이입니다.

"거절하겠습니다. 이 대화는 여기까지 하시죠"

_ '좋은 게 좋은 것'이라는 압박에 당신의 경계를 내주지 마세요

길에서 붙잡는 사람, 매장에서 끝없이 따라붙는 권유, 혹은 이미 여러 번 거절한 제안을 다시 꺼내 드는 사람들. 이들은 대개 "잠깐만" "한 번만"이라는 말로 당신의 시간을 조금씩 잠식합니다. 많은 분들이 각을 세우기 싫어서 웃으며 넘기거나 돌려 말하지만, 무례한 사람에게 완곡한 거절은 '아직 가능성이 있다'는 신호로 해석되기 쉽습니다. 거절은 협상의 출발점이 아니라, 그 자체로 완결된 결정이어야 합니다.

이런 유형은 대개 대화를 트는 데 성공하면, 상대가 사회적

예의나 미안함 때문에 쉽게 빠져나오지 못한다는 점을 압니다. 그래서 계속 말을 붙잡고, 질문을 던지고, 설명을 요구합니다. 이 문장은 설명하지 않는 거절입니다. 이유를 대주지 않고, 설득의 무대를 만들지도 않습니다. "여기까지"라고 선을 긋는 순간, 상대는 더 이상 파고들 자리를 찾지 못합니다.

▶ 길거리에서 포교·설문·홍보 등으로 따라붙을 때

- **상황**: "잠깐만 시간 내주세요" "금방 끝나요"라며 앞을 막거나 계속 따라올 때.
- **대사**: (걸음을 멈추지 않고 또렷하게) "관심 없습니다. 거절했고, 더 이상 대화 안 하겠습니다."
- **예상 반격**: "아니, 왜 이렇게 차갑게 구세요? 좋은 얘긴데 들어만 보세요."
- **2차 방어**: (속도 줄이지 않고) "제 의사는 이미 말씀드렸습니다. 계속 따라오시면 방해로 간주하겠습니다."

▶ 매장이나 전화, 메시지로 계속 구매·가입을 권할 때

- **상황**: "이건 꼭 필요해요" "이번 기회 놓치면 손해예요"라며 거절 후에도 계속 권유할 때.
- **대사**: (표정 바꾸지 않고) "구매 안 합니다. 이미 거절했습니다. 이 얘기는 끝입니다."

- **예상 반격**: "손님을 위해 추천드리는 건데, 너무 단호하시네요."
- **2차 방어**: (짧게) "제 선택은 제가 합니다. 더 권하시면 불쾌합니다."

거절은 공격이 아니라 경계 설정입니다. 당신이 "아니오"라고 말했는데도 멈추지 않는 쪽이 무례한 것이지, 선을 긋는 당신이 냉정한 게 아닙니다. 상냥함이 통하지 않는 상황에서는, 짧고 분명한 종료 선언이 가장 효율적인 대응입니다. 당신의 시간과 집중력은 아무나 써도 되는 공공재가 아닙니다. "여기까지"라고 말할 수 있을 때, 당신의 일상은 훨씬 조용하고 단단해집니다.

“지금 그 화, 제 몫이 아닙니다. 여기서 멈추세요”

_ 생면부지 타인의 감정 배출구가 될 의무는 없습니다

길에서, 매장에서, 혹은 창구 앞에서 이유 없이 짜증을 쏟아내는 사람을 만날 때가 있습니다. 설명을 듣지도 않고 목소리부터 높이고, 문제를 해결하려는 태도보다 누군가에게 화를 쏟는 데 더 관심이 있어 보이는 사람들입니다. 많은 분들이 “괜히 더 커질까 봐” 혹은 “상대가 더 흥분할까 봐” 참고 넘기지만, 그렇게 넘긴 하루는 유난히 더 지치고 오래 남습니다. 당신은 그들의 하루가 망가진 책임을 대신 떠안을 사람이 아닙니다.

이런 분노는 대부분 진짜 원인을 향하지 않습니다. 말해도 안전한 대상, 반격하지 않을 것 같은 사람에게로 방향을 틀 뿐입니다. 그 순간 당신은 '문제 해결의 상대'가 아니라 '분노 배출용 대상'이 됩니다. 이 문장은 그 역할을 거부하는 선언입니다. "그 감정은 당신 것이고, 나는 받지 않겠다"는 경계를 분명히 세워, 상대의 감정이 당신의 하루 안으로 들어오지 못하게 막는 장치입니다.

▶ 서비스 공간이나 공공장소에서 이유 없이 고함을 칠 때

- **상황**: 처음 보는 사람이 자신의 불만을 해결하려 하기보다, 당신에게 먼저 화부터 쏟아낼 때.
- **대사**: (목소리 낮추고 또렷하게) "지금 화가 나신 건 알겠는데, 그걸 저한테 쏟아내실 이유는 없습니다. 진정하시고 말씀하세요."
- **예상 반격**: "내가 손님인데 이 정도 말도 못 해? 태도가 왜 이래!"
- **2차 방어**: (표정 바꾸지 않고) "손님이셔도 무례하게 말씀하시면 대응하지 않겠습니다. 정상적으로 말씀하시면 그때 도와드리겠습니다."

▶ 길이나 대중교통 등에서 시비를 걸며 감정을 풀려 할 때

- **상황**: 사소한 일로 언성을 높이며 욕설이나 위협적인 말을 던질 때.
- **대사**: (한 걸음 물러서며) "지금 그 화, 저한테 푸실 일 아닙니다.

문제가 있으면 다른 방식으로 말씀하세요."

- **예상 반격**: "뭐야, 내가 만만해 보여?"
- **2차 방어**: (짧고 단호하게) "만만한 게 아니라, 상대 안 할 뿐입니다. 더 이상 말 섞지 않겠습니다."

화를 조절하지 못하는 태도는 그 사람의 사정이지, 당신의 책임이 아닙니다. 누군가의 분노를 대신 받아내 주는 친절은 미덕이 아니라 자기 소모에 가깝습니다. 당신이 "여기까지"라고 선을 긋는 순간, 상대의 감정은 다시 그 사람의 몫으로 돌아갑니다. 당신의 하루와 마음은 아무나 던지는 감정 쓰레기를 받아내기 위해 존재하는 공간이 아닙니다. 지켜도 되는 평화는, 지키는 사람이 있을 때 유지됩니다.

“제 호칭은 ‘저기요’가 아닙니다. 제대로 불러주세요”

_ 이름을 지우는 부름에는 반드시 선을 그으세요

사람을 부르는 방식에는 그 사람이 상대를 어떻게 보고 있는지가 그대로 드러납니다. “야” “저기” “아가씨” 같은 호칭은 편의상 쓰는 말처럼 보이지만, 그 안에는 상대를 개인 아닌 ‘기능’이나 ‘대상’으로 취급하는 태도가 섞여 있습니다. 이름이나 직함을 부르는 데 몇 초도 걸리지 않는데, 굳이 그것을 생략하는 순간, 관계는 이미 기울어 있습니다. 그렇게 불리다 보면 어느새 당신은 ‘아무나 불러도 되는 사람’ 쪽으로 밀려나 있습니다.

이름을 부르지 않는 행동은 상대를 흐릿하게 만드는 방식입니다. 존재를 한 사람으로 대하지 않고, 필요할 때 쓰는 역할로만 취급하는 신호이기도 합니다. 이 문장은 흐릿해진 경계를 다시 또렷하게 이어주는 말입니다. "나는 누군가의 손짓이나 소리로 불리는 사람이 아니라, 이름과 역할을 가진 사람"이라는 선언입니다.

▶ 매장이나 공공장소에서 손짓하며 함부로 부를 때

- **상황**: 손을 까딱이거나 "저기"라고만 부르며 명령하듯 말을 던질 때.
- **대사**: (바로 다가가지 않고) "말씀하시려면 직원이라고 부르시거나, 호칭을 제대로 써 주세요. 그렇게 부르셔야 제가 응대합니다."
- **예상 반격**: "부르기만 하면 됐지, 왜 그렇게 까다로워요?"
- **2차 방어**: (차분하게) "까다로운 게 아니라 기본입니다. 사람을 부를 때는 사람답게 부르는 게 맞죠."

▶ 직장에서 이름이나 직함 대신 하대하는 호칭을 쓸 때

- **상황**: 타 부서나 거래처 사람이 "야" "이봐" 같은 말로 당신을 부를 때.
- **대사**: (표정 안 바꾸고) "저 그렇게 부르는 호칭 아닙니다. ㅇㅇㅇ 대리라고 불러 주세요."
- **예상 반격**: "왜 이렇게 예민해? 그냥 편하게 부른 거지."

- **2차 방어:** (또렷하게) "편한 거랑 무례한 건 다릅니다. 저는 제 이름이나 직함으로 불리는 게 편합니다."

호칭은 단순한 말버릇이 아니라 관계의 높이를 정하는 기준선입니다. 당신을 아무렇게나 부르게 두는 순간, 당신을 아무렇게나 대하는 것도 허용한 셈이 됩니다. 이름과 직함을 요구하는 것은 자존심이 센 행동이 아니라, 자기 위치를 스스로 지키는 기본적인 태도입니다. 제대로 불러달라고 말할 줄 아는 사람은, 결국 제대로 대우받습니다.

"이건 더 이야기해도 소용 없겠습니다. 담당자 통해서 진행하죠"

_ 소모적인 설득을 멈추고, 개인전에서 시스템전으로 전환하십시오

어떤 사람들은 설명을 들으려고 나오지 않습니다. 이해하러 온 게 아니라 이기려고 나옵니다. 규정을 보여 줘도, 근거를 말해줘도, 끝에는 "난 인정 못 해"라는 말만 남습니다. 이런 상대와 오래 붙잡고 이야기할수록 문제는 해결되지 않고, 당신의 체력과 감정만 닳아 없어집니다. 많은 사람들이 "그래도 끝까지 대화로 풀어야지"라는 생각 때문에, 이미 끝난 싸움을 혼자 계속 이어갑니다.

하지만 대화가 성립하지 않는 상태는 이미 '사적 협상'의 단

계가 끝났다는 신호입니다. 이때 필요한 건 말솜씨가 아니라 구조의 힘입니다. 개인 대 개인의 소모전을 중단하고, 규정·책임자·기관이라는 공식 시스템으로 공을 넘기는 것. 이 문장은 "나는 더 이상 이 비합리의 링에 올라가지 않겠다"는 선언이며, 문제를 감정의 장에서 절차의 장으로 이동시키는 전환 버튼입니다.

▶ 규정 무시하며 떼쓰는 사람과 더 이상 말이 안 될 때

- **상황**: 아무리 설명해도 "그건 네 생각이고" "난 그렇게 안 할 거야"만 반복하며 버틸 때.
- **대사**: (톤 낮추고 정리하듯) "지금 상황 보니까, 제가 아무리 설명해도 합의는 안 될 것 같네요. 이건 담당자 통해서 공식적으로 처리하시죠."
- **예상 반격**: "지금 책임지기 싫어서 도망가는 거지?"
- **2차 방어**: (담담하게) "도망이 아니라 절차로 가자는 겁니다. 여기서 더 말해봐야 바뀌는 게 없으니까요. 이제 공식 루트로 진행하겠습니다."

▶ 이웃·지인과의 분쟁에서 억지만 반복할 때

- **상황**: 주차, 소음, 경계 문제 등에서 말이 안 되는 주장만 되풀이하며 감정 싸움으로 끌고 갈 때.

- **대사**: (대화 중단하며) “이건 더 이야기해도 해결이 안 되겠네요. 관리사무소(경찰이나 법적 절차) 통해서 정식으로 처리하겠습니다.”
- **예상 반격**: “사소한 일 갖고 유난 떤다. 겁주려고 그러는 거지?”
- **2차 방어**: (짧게) “유난이 아니라 정리하는 겁니다. 개인적으로 말 섞는 건 여기까지 하죠.”

세상에는 ‘설득의 영역’에 있지 않은 사람들이 분명히 존재합니다. 그런 사람에게 더 잘 말하려 애쓰는 건, 문이 없는 벽에 계속 노크하는 것과 같습니다. 언제 멈추고, 언제 시스템으로 넘길지 판단하는 능력은 약함이 아니라 숙련입니다. 당신의 에너지는 설득 불가능한 사람을 위해 쓰라고 있는 게 아닙니다. 말이 통하지 않는다는 결론이 서는 순간, 조용히 물러나 시스템에게 넘기십시오. 그게 가장 싸우지 않고 이기는 방법입니다.

교묘한 공격은 늘 애매한 말로 옵니다. 그러면, '칭찬이냐 비아냥이냐'처럼 의도를 밝히게 만들어 주도권을 잡습니다. '조언'이라는 포장 공격엔 '도움이냐 깎아내림이냐'로 가면을 벗기고 책임을 돌려놓습니다. 무례엔 때로 무거운 침묵이 최선이지만, 필요하면 '동의가 아니라, 말할 가치조차 없어서 침묵'이라는 의미를 못 박습니다. 비겁한 비아냥·단정·예언은 본론으로 끌어내고, 나를 쉽게 규정하는 오만을 거절합니다. 타인의 고통을 웃음으로 소비하는 농담엔 '웃을 일이 아니다'라는 태도로 품격의 기준선을 지키는 사람이 됩니다.

9장

"더 이상 당하고만 있지 않겠습니다, 이제 제 차례예요"

✦

주도권을 되찾기 위해 상대의 허를 찌르는 법

"방금 그 말, 칭찬으로 하신 거예요? 아니면 비꼰 거예요?"

_ 애매한 말 뒤에 숨은 공격성을 밝은 데로 끌어내라

어떤 사람들은 절대 노골적으로 공격하지 않습니다. 대신 칭찬이나 비아냥처럼 들릴 수도 있는 말을 슬쩍 던집니다. 문제가 생기면 언제든 "난 좋은 뜻이었는데?"라고 빠져나갈 수 있는, 아주 비겁한 방식이죠. 이렇게 던져진 말은 반박하기도 애매하고, 그냥 넘기자니 마음에 계속 가시처럼 남습니다.

이런 말의 특징은 내용보다 '의도'가 문제라는 데 있습니다. 이 문장은 상대의 말을 평가하거나 맞받아치는 대신, "당신 말의 정체가 뭐냐"고 되묻습니다. 애매한 영역에 숨어 있던 공격을 설명해야 하는 자리로 끌어내는 순간, 상대는 더 이상 장난 뒤에 숨을 수 없게 됩니다. 주도권은 즉시 질문하는 쪽으로 이동합니다.

▶ 외모·취향·라이프스타일을 은근히 깎아내릴 때

- **상황**: 지인이 "너는 참 소박해서 좋아. 요즘 애들처럼 꾸미지도 않고"처럼 미묘한 말을 던질 때.
- **대사**: (표정 바꾸지 않고) "방금 말, 칭찬이에요? 아니면 살짝 비꼰 거예요? 뉘앙스가 좀 애매해서요."
- **예상 반격**: "아니, 왜 그렇게 받아들여? 그냥 좋게 말한 거잖아."
- **2차 방어**: (담담하게) "좋은 뜻이면 그렇게 들리게 말해 주세요. 애매하게 말하면 사람 기분 상할 수도 있어요."

▶ 성과나 능력을 '우연'이나 '운'으로 축소할 때

- **상황**: 동료가 "이번에 잘 된 건 타이밍이 좋았지 뭐" 같은 말로 성과를 깎아내릴 때.
- **대사**: (고개를 돌려서) "지금 말씀하신 게, 제 노력을 인정 안 하겠다는 뜻인가요? 아니면 그냥 아무 생각 없이 하신 말인가요?"
- **예상 반격**: "아, 왜 그렇게 예민해? 그냥 한마디 한 거지."
- **2차 방어**: (차분하게) "그냥 한 말이 사람의 노력을 깎아내릴 수도 있어요. 의도가 뭐였는지 분명히 해 주세요."

교묘한 사람들은 늘 해석의 여지를 남기는 말로 공격합니다. 그리고 문제가 되면 “네가 예민한 거야”라며 책임을 떠넘깁니다. “무슨 뜻이었냐”고 묻는 순간, 그들은 더 이상 숨어 있을 수 없습니다. 설명을 요구받는 쪽은 항상 약자입니다. 애매한 독을 애매하게 삼키지 마세요. 밝은 데로 끌어내 놓고, 말하게 하십시오. 그 순간부터 이 대화의 주도권은 당신 것입니다.

"지금 하시는 말, 도움 주려는 거예요? 아니면 그냥 깎아내리는 거예요?"

_ '조언'이라는 포장지로 던지는 공격을 해체하라

어떤 사람들은 비난을 할 때 절대로 "내가 널 싫어한다"거나 "내가 너를 무시한다"고 말하지 않습니다. 대신 "너를 위해서" "조언해 주는 거야" 같은 말을 앞세웁니다. 말의 겉모습은 멀쩡한데, 듣고 나면 이상하게 기운이 빠지고 자존감이 깎입니다. 문제는 당신이 아니라, 그 말의 사용 목적입니다.

조언은 상대를 세우는 방향으로 가야 합니다. 하지만 많은 '훈수'는 상대를 낮춤으로써 자기 우위를 확인하려는 공격의 변형에 가깝습니다. 이 문장은 그 모호한 영역을 허용하지 않습니다. "당신의 목적이 뭐냐"고 묻는 순간, 상대는 더 이상 '좋은 말 해준 사람'의 가면 뒤에 숨을 수 없게 됩니다. 도움인지, 공격인지 스스로 정체를 밝히게 만드는 질문입니다.

▶ **성격·태도를 문제 삼으며 위에서 내려다볼 때**

- **상황**: 선배나 윗사람이 "너는 말투부터 좀 고쳐야 해" "그래서 사회생활이 힘든 거야"라며 훈계하듯 말할 때.
- **대사**: (표정 안 바꾸고) "지금 말씀, 저한테 도움이 되라고 하시는 건가요? 아니면 그냥 평가하시는 건가요?"
- **예상 반격**: "아니, 내가 너 생각해서 해 주는 말이지. 왜 이렇게 꼬아서 들어?"
- **2차 방어**: (차분하게) "도움이 목적이면 방식이 좀 달라야 할 것 같고요. 평가나 비난이면 여기까지 하시죠. 그런 말씀은 안 듣겠습니다."

▶ **삶의 방식이나 선택을 틀렸다고 단정할 때**

- **상황**: 지인이 "너는 그렇게 살아서 답이 없다" "인생 좀 똑바로 살아"라며 일방적으로 재단할 때.
- **대사**: (고개 살짝 기울이며) "궁금해서 그런데, 제 인생을 개선해 주고 싶은 거예요? 아니면 그냥 흠잡고 싶은 거예요?"
- **예상 반격**: "사람 진짜 예민하다. 좋은 말도 이렇게 받아들이네."

- **2차 방어**: (담담하게) "좋은 말이면 그렇게 들리게 해 주세요. 지금은 조언이라기보다는 평가에 더 가깝게 들립니다."

세상에는 도와주고 싶어서 하는 말과 우위에 서고 싶어서 하는 말이 있습니다. 문제는 둘이 똑같은 언어를 쓴다는 점입니다. 그래서 우리는 내용이 아니라 의도를 물어야 합니다. "이 말의 목적이 뭐냐"고 묻는 순간, 당신은 더 이상 훈계의 대상이 아니라 대화의 심판석에 앉게 됩니다. 당신 인생을 고칠 권한은 누구에게나 있는 게 아닙니다. 초대받지 않은 조언은, 조언이 아니라 간섭입니다.

"가만히 있다고 네 말에 동의하는 건 아니야"

_ 대답할 가치조차 없는 무례함에는 '무거운 침묵'을

말도 안 되는 소리를 늘어놓는 사람 앞에서 우리는 종종 말을 잃습니다. 너무 황당해서, 혹은 더 얽히기 싫어서 침묵을 선택하죠. 하지만 문제는, 무례한 사람들은 그 침묵을 "내가 이겼다" "할 말이 없어서 조용한 거다"라고 제멋대로 해석한다는 데 있습니다. 배려에서 나온 침묵이, 그들에게는 동의나 패배 선언처럼 읽혀버리는 겁니다.

공격적인 성향의 사람들은, 상대가 반박하지 않으면 자기 논리가 통했다고 착각하는 경향이 강합니다. 그래서 침묵만으로는 경계가 완성되지 않습니다. 침묵의 '의미'를 분명히 규정해 주지 않으면, 주도권은 계속 상대 손에 남습니다.

이 문장은 침묵을 '무시'와 '거절'의 선언으로 재정의합니다. "말문이 막혀서 가만있는 게 아니라, 네 말이 대꾸할 가치가 없어서 가만있는 것"이라는 프레임 전환입니다. 더 이상 상대의 수준으로 내려가 싸우지 않겠다는 선언이자, 동시에 상대의 착각을 차갑게 끊어내는 경계선 긋기입니다.

▶ 침묵을 '패배'로 착각하는 사람

- **상황**: 상대가 황당한 주장이나 비하를 늘어놓고, 당신이 반응하지 않자 "거봐, 할 말 없지?"라며 승리한 듯 몰아붙일 때.
- **대사**: "가만히 있다고 네 말에 동의하는 건 아니야. 대꾸할 가치가 없어서 조용한 거야."
- **예상 반격**: "뭐라고? 사람이 말하면 대답을 해야지. 그게 무슨 태도야?"
- **2차 방어**: "대답은 의무가 아니야. 무례한 말엔 반응하지 않기로 했어. 여기서 끝내자."

▶ 내 침묵을 '인정'으로 우기는 사람

- **상황**: 상대가 논점을 비틀어 우기다가 "너도 인정하는 거네?"라고 결론을 강요하며 확인받으려 할 때.

- **대사**: “내가 조용한 건 인정해서가 아니라, 더 얘기해도 소용없다고 판단해서야. 동의한 걸로 착각하지 마.”
- **예상 반격**: “야, 말도 안 하면서 왜 그렇게 잘난 척해?”
- **2차 방어**: “잘난 척이 아니라 기준이 있는 거야. 말이 통할 때만 대화하자.”

침묵은 때로 가장 강력한 무기지만, 설명되지 않은 침묵은 오해를 부릅니다. 그래서 필요할 때는, 그 침묵의 의미를 한 번은 명확히 못 박아 줄 필요가 있습니다. “나는 동의해서 조용한 게 아니라, 너를 상대할 가치가 없어서 조용한 거다” 이 한마디는 상대를 논쟁의 링에서 끌어내리는 종료 버튼입니다. 모든 싸움에 응답할 필요는 없습니다. 대화할 가치가 없는 말에는, 당신의 언어를 아끼는 것이 가장 품격 있는 선택입니다.

"빙빙 돌리지 말고, 하고 싶은 말만 딱 해"

_ 비겁한 은유 뒤에 숨은 칼날을 정면으로 꺾어버려라

직접 말하면 책임져야 하니까, 애매하게 돌려 말하며 기분만 긁는 사람들이 있습니다. "요즘 참 편하게 사나 봐" "성격이 참 사람 좋아 보이네" 같은 말들. 겉으로 보면 칭찬 같기도 하고 농담 같기도 한데, 듣고 나면 묘하게 기분이 상합니다. 상대는 바로 그 애매함 뒤에 숨어서 공격합니다. 당신이 "그게 무슨 뜻이에요?"라고 따지기 어렵다는 걸 알고 있기 때문입니다.

이런 화법의 핵심은 책임 회피입니다. 분명히 공격은 했지만, "난 그런 뜻 아니었어"라고 빠져나갈 출구를 항상 열어두는 방식이죠. 그래서 듣는 사람만 찜찜해지고, 말한 사람은 끝까지 안전합니다. 이건 솔직함도, 유머도 아니라 비겁한 간접 공격입니다.

비꼬는 말투는 갈등을 정면으로 감당할 용기가 없는 사람들이 쓰는 우회 전술입니다. 이 문장은 상대가 만들어놓은 그 애매한 회피로를 부숴버리고, 대화를 의도적으로 '본론의 한가운데'로 끌어옵니다. 숨겨진 공격 의도를 공개석상으로 끌어내, 스스로 책임지고 말하게 만드는 구조입니다. 비유와 뉘앙스 뒤에 숨은 칼을, 그냥 칼로 꺼내놓게 만드는 겁니다.

▶ 은근한 비아냥으로 깎아내리는 사람

- **상황**: 상대가 돌려 말로 당신을 평가하면서도 "그냥 한 말"이라며 빠져나갈 준비를 하고 있을 때.
- **대사**: "빙빙 돌리지 말고, 하고 싶은 말만 딱 해요. 칭찬인지 비꼬는 건지 정확히요."
- **예상 반격**: "아니, 왜 이렇게 날카로워? 그냥 가볍게 한 말인데."
- **2차 방어**: "가볍게 한 말이면 더 쉽게 말할 수 있겠죠. 본론만 말씀해 주세요."

▶ 비교와 평가를 애매하게 섞는 사람

- **상황**: 상대가 은근한 비교나 판단을 흘려놓고, 당신이 불편해하면 "네가 오해한 거야"로 몰아갈 때.
- **대사**: "오해 안 생기게요. 돌려 말하지 말고 무슨 뜻인지 정확히 말해 주세요."
- **예상 반격**: "와, 말투가 참 피곤하다. 너랑 대화하기 힘들어."
- **2차 방어**: "피곤하게 만드는 건 애매한 말이에요. 분명히 말하면 저도 분명히 듣겠습니다."

비꼬는 말에 해석을 붙여주기 시작하는 순간, 당신은 상대가 쳐 놓은 함정 안으로 스스로 들어가는 것입니다. 가장 좋은 대응은, 그 함정을 통째로 부숴버리는 것입니다. "무슨 말인지 정확히 해보세요" 이 한마디는 상대를 애매함의 안전지대에서 끌어내는 공개 소환장입니다.

당당하게 말하지 못할 공격은, 애초에 공격할 자격이 없는 말입니다. 당신의 직설은 무례함이 아니라 정당한 방어입니다. 비겁한 우회로를 허물고, 대화를 햇빛 아래로 끌어내는 순간, 상대의 공격은 힘을 잃습니다.

“저를 다 안다고 생각하세요? 너무 쉽게 보시는 것 같네요”

_ 타인이 멋대로 휘두르는 '내 인생의 예언'을 거부하세요

“너는 딱 봐도 고생 안 해본 스타일이야” “너 같은 애들은 나중에 꼭 후회하더라”

몇 마디 나눠보지도 않고, 당신의 과거와 성격, 심지어 미래까지 다 꿰뚫어 본 것처럼 단정하는 사람들이 있습니다. 많은 사람들은 이런 말을 들으면 괜히 해명하고, 설명하고, 자신을 증명하려 듭니다. 하지만 그렇게 할수록 대화의 주도권은 상대에게 넘어가고, 당신은 그 사람이 만든 프레임 안에서 변명하는 위치로 밀려나게 됩니다.

사람을 쉽게 규정하는 태도는 대부분, 복잡한 현실을 이해할 능력도 인내심도 부족한 사고 습관에서 나옵니다. 그것은, 타인을 자기 기준 안에 욱여넣고 통제하고 싶어 하는 오만한 욕망이기도 합니다. 이 문장은 그 오만함 자체를 문제 삼습니다.

"당신이 나를 판단할 자격이 있는가?"라는 질문을 던짐으로써 상대의 평가 행위를 원천적으로 무력화합니다. 당신의 인생을 설명의 대상이 아니라, 침범할 수 없는 영역으로 다시 위치시키는 선언입니다. 상대의 얕은 확신을 부수고, 당신의 가능성을 보호하는 방패 역할을 합니다.

▶ 내 성격이나 배경을 제멋대로 단정할 때

- **상황**: 지인이 "너는 외동이라 이기적일 것 같아" "부유하게 자라서 고생을 몰라" 같은 말을 쉽게 던질 때.
- **대사**: (담담하게) "저를 되게 잘 아는 것처럼 말씀하시네요. 근데 그렇게 단정하는 거, 꽤 위험한 착각인 거 아세요? 저를 너무 쉽게 보시는 것 같습니다."
- **예상 반격**: "그냥 첫인상이 그렇다는 거지. 내가 사람 보는 눈이 좀 정확한 편이라."
- **2차 방어**: (고개를 저으며) "이번에는 틀리셨어요. 남의 인생을 겉모습으로 요약하지 마세요. 그건 무례입니다."

▶ 내 미래를 예언하며 훈수를 둘 때

- **상황**: "너 그렇게 살면 나중에 혼자 남는다" "그 선택 꼭 후회한다"라며 인생 선배인 척 단정할 때.
- **대사**: (차갑게) "제 인생 결말을 미리 써주시는 것 같은데요. 근데 제 인생 이야기는 제가 씁니다. 함부로 단정하지 마세요."
- **예상 반격**: "걱정돼서 하는 소리인데 왜 그렇게 예민해?"
- **2차 방어**: (단호하게) "걱정이 아니라 판결처럼 들려서요. 잘 모르시면 침묵이 더 예의입니다."

당신이라는 사람은 누구도 몇 마디 말로 요약할 수 없는 복잡한 세계입니다. 당신의 일부분만 보고 결론을 내리는 사람들의 오만함을 바로잡아 줄 의무는 당신에게 없습니다. "그건 착각입니다"라는 한마디면 충분합니다. 당신의 인생은 해설서가 아니라, 오직 당신만이 써 내려가는 원본입니다. 타인의 얕은 통찰로 당신의 이야기를 편집하게 두지 마십시오.

"본인 열등감을 제 탓으로 돌리지 마세요"

_ 질투를 '지적'으로 포장하는 비겁함을 직시하세요

당신이 잘되는 꼴을 못 보고 사사건건 트집을 잡거나, 당신의 작은 실수를 필요 이상으로 부풀려 비난하는 사람들이 있습니다. 대부분의 사람들은 이런 공격을 받으면 "내가 정말 잘못했나?" 하고 스스로를 먼저 의심합니다. 하지만 이런 상황에서 문제의 출발점은 대개 당신이 아니라, 상대의 열등감에 있습니다. 상대는 당신을 깎아내려야만 자신의 초라함이 덜 드러난다고 느낍니다. 그러니 이 공격을 '지적'으로 받아들이지 말고, 그 속에 숨은 감정의 정체부터 꿰뚫어 보셔야 합니다.

이런 행동은 자신의 부족함을 인정하지 못하는 사람이 자주 쓰는 방어 기제입니다. 스스로를 끌어올릴 능력이 없을 때, 타인을 끌어내리는 방식으로 심리적 균형을 맞추려는 것이죠. 그래서 그들의 말에는 논리보다 감정이, 조언보다 적의가 먼저 묻어납니다. 비판의 형태를 띠고 있지만, 실제로는 상대의 자존감을 유지하기 위한 정서적 배설에 가깝습니다.

이 문장은 그 공격의 책임 소재를 원래 주인에게 되돌려주는 역할을 합니다. 문제를 '내가 부족한가'라는 프레임에서 '저 사람이 감정적으로 불안정한가'라는 프레임으로 전환시키는 것이죠. 그 순간 상대는 더 이상 도덕적 우위를 점할 수 없고, 오히려 자신의 속내가 드러난 사람의 위치로 밀려납니다. 공격자가 아니라, 감정 조절에 실패한 사람으로 재정의되는 순간입니다.

▶ 성과를 시기하며 평가절하할 때

- **상황**: 승진이나 합격 소식에 "운이 좋았네" "실력에 비해 과분하다"라며 초를 칠 때.
- **대사**: (담담하게) "본인 열등감을 제 탓으로 돌리지 마세요. 제가 잘된 게 불편하신 건 알겠는데, 그걸 굳이 그렇게 말할 필요는 없죠."

- **예상 반격**: "내가 뭘 질투해? 착각도 적당히 해."
- **2차 방어**: (차분하게) "질투가 아니면 이렇게까지 말할 이유도 없죠. 제 성과를 깎아내린다고 본인 위치가 올라가는 건 아닙니다."

▶ 사사건건 트집 잡으며 깎아내릴 때

- **상황**: 평소 묘하게 경쟁 의식을 보이던 사람이 내 작은 실수를 붙잡고 과하게 공격할 때.
- **대사**: (선을 긋듯) "제 실수로 본인 열등감을 해소하지 마세요. 그건 지적이 아니라 감정 처리잖아요."
- **예상 반격**: "와, 사람이 진짜 예민하네. 내가 언제 널 질투했다고 그래?"
- **2차 방어**: (단호하게) "질투든 아니든, 남을 깎아내리는 방식으로 기분 푸는 건 보기 좋지 않습니다. 여기까지 하세요."

질투는 가장 솔직한 자기 고백입니다. 누군가가 당신을 깎아내리려 애쓴다는 건, 당신이 그 사람이 도달하지 못한 위치에 서 있다는 뜻일 가능성이 큽니다. 그들의 열등감을 당신의 문제로 받아들이지 마세요. 그것은 당신의 결함이 아니라, 상대의 한계입니다. 당신은 설명할 필요도, 증명할 필요도 없습니다. 그저 그 자리에 그대로 서 계시면 됩니다. 그것만으로 이미 충분히 이기고 있는 것이니까요.

“지금 이 상황이 웃음거리는 아니잖아요. 너무하시네요”

_ 타인의 고통이나 실수를 유머로 소비하는 비겁함을 미워하라

누군가의 실수, 약점, 혹은 사회적 비극을 소재로 농담을 던지며 웃음을 끌어내는 사람들이 있습니다. 그들은 그것을 ‘블랙 유머’라고 포장하지만, 실상은 타인의 불행을 발판 삼아 자기 위치를 확인하려는 잔인한 방식일 뿐입니다. 그런 농담에 같이 웃어 주는 순간, 당신은 그 잔인함의 공범이 됩니다.

많은 사람들은 분위기를 깨고 싶지 않아서, 혹은 괜히 예민한 사람으로 보이기 싫어서 어색하게 웃고 넘어갑니다. 하지만 그렇게 넘길수록, 누군가는 계속해서 타인의 고통을 웃음

의 재료로 써도 된다는 잘못된 확신을 갖게 됩니다. 침묵과 억지 웃음은 중립이 아니라 방조입니다.

이 문장은 웃음의 '경계선'을 다시 긋는 선언입니다. "지금 웃을 상황이 아니다"라고 말하는 순간, 상대의 말은 유머가 아니라 무례로 재분류됩니다. 웃음의 기준을 상대가 아니라 당신이 다시 가져오는 것이죠. 이는 도덕적 우월감을 과시하는 말이 아니라, 대화의 수준을 지키기 위한 최소한의 품격 선언입니다.

▶ 타인의 불행이나 신체적 결함을 농담 소재로 삼을 때

- **상황**: 동료의 큰 실수, 누군가의 장애, 혹은 불행한 사고를 두고 조롱 섞인 농담을 할 때.
- **대사**: (표정 굳히고) "지금 이 상황이 웃음거리는 아니잖아요. 남의 아픔을 가지고 농담하는 건 너무하신 것 같습니다."
- **예상 반격**: "분위기 좀 풀자고 한 말인데 왜 그렇게 심각해?"
- **2차 방어**: (차분하게) "분위기는 그렇게 푸는 게 아닙니다. 저는 이런 농담에 동조하고 싶지 않아요. 그만하시죠."

▶ 무례한 질문이나 요구를 농담인 척 던질 때

- **상황**: "돈 좀 벌었다며? 그럼 한턱 쏴야지?"처럼 부담스러운 말을 장난처럼 던질 때.

- **대사**: (무표정으로) “이게 농담이라고 하시는 건가요? 듣는 사람은 전혀 안 웃깁니다. 꽤 무례한 말이에요.”
- **예상 반격**: “아, 장난 좀 친 건데 왜 이렇게 깐깐해?”
- **2차 방어**: (담담하게) “장난에도 선이 있죠. 그 선 넘는 농담은 그냥 무례입니다.”

당신의 웃음은 누구나 써도 되는 공공재가 아닙니다. 웃고 싶을 때 웃고, 웃기지 않을 때 웃지 않을 권리는 당신에게 있습니다. “안 웃기다”라고 말할 수 있는 사람은, 대화의 품격을 지킬 수 있는 사람입니다. 억지 미소를 거두는 순간, 상대는 비로소 당신을 함부로 대할 수 없는 사람으로 인식하게 됩니다. 당신의 표정은 당신이 지켜야 할 존엄의 일부입니다.